KB204024

또
하나의

빛

낮은
데로
임하소서

안요한 목사
칼럼

또
하나의

빛

홍성사

새 하늘과 새 땅을 고대하며

안요한 목사님을 처음 뵌 것은 21년 전 미국 보스턴 버클랜드침례교회(현 안디옥침례교회) 주일예배였습니다. 당시 저는 인류학 박사로서 하버드 대학 연구원으로 있었고, 하나님의 존재를 믿지 않았지만 예수님을 먼저 믿은 아내에 끌려 버클랜드침례교회에 갓 나갈 때였습니다. 그날 예배가 끝난 후 하버드 대학 교목이신 이금하 전도사님께서 저를 목사님께 소개하셨습니다. "목사님과 같은 안씨 성을 가진 형제(믿음으로 그렇게 불러 주셨음)인데 아직 예수를 안 믿어요." "안씨가 고집이 센데, 한번 믿으면 잘 믿어요. 언젠가 믿을 겁니다" 하시면서 목사님은 저를 위해 기도해 주셨습니다. 〈낮은 데로 임하소서〉라는 영화조차 모를 정도로 교회와 거리가 멀었던 저는 "빨리 믿으라" 하지 않으셔서 안심되는 한편, 목사님의 아버지 같은 푸근함이 좋았습니다.

그런데 이듬해 봄, 저는 예수님께 제 인생을 항복했고, 바로 신학교에 입학하여 목사가 되었습니다. 목사님의 예언 때문인지, 아니면 제가 예수를 믿기도 전에 차라리 저를 목사로 만들어 달라고 믿음으로 기도하셨다는 이금하 교목님의 기도 응답인지 모르겠지만, 목사가 된 저는 15년 전 버클랜드침례교회에서 파송을 받아 대구로 나와 베들레헴침례교회를 개척하였고, 목사님께서 창립예배에 오셔서 축사를 해주셨습니다. 그 이후로 저희 교회에 자주 오셔서 말씀을 전해 주시고, 대구에 들르시는 일이 있으면 잊지 않고 항상 연락을 주십니다.

목사님을 뵈올 때마다 우리 하나님이 좋으신 분임을 새삼 되새기게 되며, 간증을 바탕으로 한 목사님의 설교는 항상 살아 계신 하나님을 확인하는 시간입니다. 한 번도 당신을 실망시킨 적이 없으신 주님이라는 고백은 항상 제 믿음을 돌아보게 만드는 은혜입니다.

목사님께서 '파란 하늘'을 가장 보고 싶어 하신다

는 것을 알게 된 것도 목사님의 설교를 통해서였습니다. 시각장애인들에게는 모든 것이 까맣기 때문에 여름이 더 덥고, 그래서 실명하기 전 보았던 파란 하늘이 그립다고 하셨습니다. 그런데 시력을 찾을 기회가 주어졌음에도 그것을 거절하신 목사님이시기에, 이제 목사님께서 그리워하는 '파란 하늘'은 하나님이 계시는 천국일 것이라고 감히 짐작해 봅니다. 목사님이 그토록 사랑하시는 예수 그리스도를 그리워하는 마음이 파란 하늘입니다. 아프리카에서 에이즈에 걸린 아이들을 앞에 두고서 이사야서 11장 말씀이 생각나 사자가 풀을 먹는 그 평화의 나라를 전하시면서 너무 좋았다는 목사님. 목사님께서 그리워하시는 것은 주님 다시 오셔서 이루어질 푸른 초장이 있는 새 하늘과 새 땅일 것입니다.

그래서 비록 이 땅에 살고 있지만 천국 시민인 우리 그리스도인들이 이 책을 읽고 목사님처럼 '영혼의 파란 하늘'에 대한 소망이 새롭게 되기를 기도합니다. 아멘, 주여 어서 오시옵소서! 마라나타!

안성진 목사(대구 BBC 베들레헴침례교회)

건강할 때의 손해와 앞 못 볼 때의 유익

이 책을 여는 이들에게 하나님의 크신 축복과 평강이 함께 하시기를 기원합니다.

목사 가정에서 자라면서 가난하고 어려운 환경의 불편함 때문에 하나님이 없다고 반항하던 죄인의 괴수가 예수로 말미암아 용서받고 하나님의 부르심을 받아 낮은 곳에 있는 형제와 자매들을 위해 새빛 사역을 시작한 지 어느덧 43년이 되었습니다. 그리고 저의 회심과 초기 사역 이야기가 고(故) 이청준 선생이 쓴 장편소설《낮은 데로 임하소서》로 출간되고 이장호 감독이 영화화하면서 세상에 알려진 지도 40여 년에 이르렀습니다.

시간이 흐르면서 《낮은 데로 임하소서》 그 이후가 어떻게 되었는지 궁금하다고 하시는 분들이 많이 계셔서 2010년 6월에 《낮은 데로 임하소서, 그 이후》를 출간하였고 또 10여 년이 지난 오늘 한 권의 책을 세상에 내놓게 되었습니다.

이 책은 오랜 친구인 시인 박이도 장로(전 경희대 교수)와 오랜만에 만나 제 사역에 대한 이야기를 나누던 중에 기독교방송(CBS)과 극동방송에서 신앙 상담, 5분 칼럼을 수년간 진행해 왔다는 이야기에 그 내용들을 모아서 책으로 출간하는 것이 어떠냐고 박이도 장로가 제안을 했습니다.

그러나 앞이 깜깜하고 글도 모르고 책도 못 보고 정보 처리 능력이 전혀 없는 사람이 어떻게 글을 쓰고 이 원고들이 은혜가 되겠느냐 했더니, 그러기에 눈으로 세상을 보는 사람들에게 더더욱 은혜와 도전이 될 것이라 하여 "이것이 하나님이 주시는 마음입니까?" 거듭 물어보고 난 이후 그동안의 글을 정리해 보았습니다. 많이 부족하지만 실명 후에 하나님이 주신 내 새로운 영혼의 고백들을 담아 보려고 노력했습니다.

책을 출간하기까지 부족한 종을 불러 주시고, 새빛 사역을 인도해 주신 하나님께 영광을 돌립니다. 이 책을 쓰도록 권면한 친구 박이도 장로는 제가 실명하기 전 대학 시절 용산구 청파동에 위치한 지방 목회자 자녀를 위해 세워진 칼빈학사 생활관에서 같이 울고 같이 웃으며 인생 이야기를 나누던 친구이기도 합니다.

부족한 원고의 윤문 작업을 꼼꼼히 도와주신 송광택 목사님과 박명란 사모님께 깊은 감사를 드립니다. 또한 자료 수집과 편집 과정을 도와주신 새빛맹인선교회 임직원 여러분들께도 감사드립니다. 무엇보다도 최초로 《낮은 데로 임하소서》를 출간하여 부족한 죄인을 세상에 알려주신 홍성사 이재철 목사님께 깊은 감사를 드립니다. 또한 보스턴 'Seed of Hope' 회장이신 Paul Kim 목사님과 BBC(Berkland Baptist Church) 사역자들과 교우분들 그리고 항상 신앙적인 도전을 주고 새빛 해외 선교를 후원하고 계신 레베카 김(Dr. Rebekah Kim, 한국명 이금하, 미 하버드 대학교 교목) 박사님께 깊은 감사를 드립니다.

바라기는 이 책이 하나님께 영광이 되고 낮은 곳의 형제들 그리고 믿음의 이웃들에게 유익이 되기를 간구

합니다. 떨리고 감사한 마음으로 세상에 내놓습니다.

2021년 2월
날마다 '내 영혼의 파란하늘'을 그려 보며
하나님께 순종하며 살아가기를 원하는

임 영한 올라

차례

에피소드

또 하나의
빛

바람은 들었네
예수님의 기도
나를 쓸어 만지는 바람 속에
그의 기도 실려 오네

별들은 보았네
예수님의 미소
밤중에 기도하며 별들에 보낸 미소
오늘 내 위에 노래처럼 반짝이네

둥근 달은 보았네

예수님의 피땀

그 밤 그 동산을 안타까이 비추던 빛

오늘 그의 모습 내게 비춰 주네

해는 보았네

예수님의 웃음

밝아오는 새벽 빛을 사랑하던 주님이

햇빛보다 더 밝은 빛

무덤을 여시던 날

그의 눈부신 웃음

아침마다 내게 싣고 오네

장정미

저는 대학 시절 19세기 프랑스의 소설가 알퐁
스 도데가 쓴 〈별〉이라는 작품에 관심이 많았습니
다. 또 대학 졸업논문에도 알퐁스 도데의 작품을 쓴
적이 있어서 기억이 좀 납니다. 저는 그때 〈별〉을 읽
으면서 두 주인공을 만나게 됩니다. 뤼브롱 산정에

서 양을 치는 목동과 목동의 주인집 딸인 스테파네
트가 모닥불을 피워 놓고 하늘을 우러러보며 나누
는 대화들이 계속됩니다. 제가 호감을 갖게 된 것은
한밤중 별들 가운데 밝은 유성이 하늘을 가로지릅
니다. 스테파네트가 목동에게 묻습니다. "저 빛은 뭐
지요?" 그때 목동이 대답을 합니다. "천국으로 들어
가는 영혼의 빛입니다." 저는 그 당시에 신앙심이 없
었기 때문에 영혼의 빛이라는 것에 전혀 감성이 없
었습니다. "영혼에도 빛이 있나?" 그 정도였습니다.

제가 그 후 서른일곱 살 때 실명을 했습니다. 쓰
나미와 같은 고통과 연단을 받게 되었습니다. 모든
이웃과 가족이 저를 떠났을 때에 저는 살 수가 없었
습니다. 어둠 속을 방황하며 홀로 방안에서 할 수 있
는 일은 죽음밖에 없었습니다. 저는 차라리 생명을
포기하려고 여러 가지 노력을 했습니다. 굶어도 봤
고, 머리를 쥐어박고, 칼로 자해 행위도 해봤습니다.
그러나 죽어지지가 않는 겁니다. 그때 성령께서 도
우셨는지 제 마음속에 과거의 잘못된 삶들이 떠오
르기 시작했습니다. 순간 이것저것 생각하다 보니

제 삶은 죄로 뭉쳐진 삶이었습니다. 저는 참을 수가 없어서 눈물로 회개를 했습니다. 제가 그 당시 기억나는 많은 찬송 중에서 272장 "고통의 멍에 벗으려고 예수께로 나옵니다. 교만한 맘을 내버리고 예수께로 나옵니다. 낭패와 실망 당한 뒤에 예수께로 나옵니다. 죽음의 길을 벗어나서 예수께로 나옵니다." 이 찬송을 부르고 눈물을 흘리는데 내가 왜 그렇게 죄인인지도 깨닫게 되고 그러다가 지쳐 쓰러져서 잠이 든 모양인데, 참 희한한 것은 새까만 흙탕물 같은 물이 그냥 콸콸콸 흘러내리는 겁니다. 그 모습을 보다가 또 잠이 들어서 깨고, 또 일어나서 계속해서 이 찬송을 불렀습니다. "교만한 맘을 내버리고 낭패와 실망 당한 뒤에 예수께로 나옵니다." 계속 눈물을 흘리며 회개하며 그러다가 또 깜빡 지쳐서 잠이 든 모양인데, 이번에는 새까만 흙탕물이 많이 퇴색이 되어서 어느 정도 뿌연 물로 다시 흘러내리는 것입니다. 또다시 불렀습니다. "교만한 맘을 내버리고 낭패와 실망 당한 뒤에 예수께로 나옵니다." 계속 잘못된 삶을 회개하며 찬송을 부르다가 나도 모르게 잠이 들었습니다. 꿈속에 다시 물이 흐르는데 맑은 생수가 되어 흐르고 있었습니다. 저도 너무 기쁘고 마음이 환해져서 그 생수에 뛰어들어 같이 떠내려가는데 큰 바윗덩어리가 툭 솟아오르더니 저를 가로막는 겁니다. 그 바위로 올라가서 쉬고 있는데 정말로 환한 광채 한 줄기가 제 몸에 내려오고 제 주위가 밝아지는 기분을 느끼면서 잠시 아마 제 영혼이 어디론가 간 것이었습니다.

지금 생각하면 그곳이 천국이었던 것 같습니다. 정말로 찬란하고 황금빛 집들이 수북이 세워져 있고 즐거움과 기쁨이 충만한 겁니다. 황홀한 지경에 빠졌습니다. 얼마 후에 하나님께서 말씀을 주셨습니다. "구약성경 320페이지가 네 것이다." 그리고 다시 저는 어둠의 세계로 원위치되어 돌아왔습니다. 기억나는 것은 320페이지. 그래서 저는 정신을 바짝 차리고 창문을 열고 지나가는 사람을 향해 소리를 질렀습니다. "지나가시는 여러분, 저는 맹인인데 저를 도와주십시오. 제 방에 와서 성경책을 읽어주십시오." 어느 분이 들어와서 성경책을 찾아 읽어 주었습니다. "320페이지라고 그랬죠? 그곳은 여호수아 1장 1절부터예요." 그래서 읽었습니다. 5절쯤 내려왔습니다. "내가 너를 떠나지 않고 버리지 않겠다. 어디든지 너와 함께하겠다. 내가 너의 하나님이 되어 주겠다"라는 내용이었습니다. '너를 떠나지 않고 버리지 않겠다.' '너의 하나님이 되어주겠다.' 세상이 다 떠나고 버렸는데 목사 아들로써 하나님이 없다고 써 붙였던 죄인의 괴수였는데 '내가 너를 떠나지 않고 버리지 않겠다'. 나를 버리지 않는 분, 하나님이 되어 주겠다고 하셔서 저는 존재가치를 회복하고 삶의 의미를 회복할 수 있어서 오늘날까지 존재할 수 있게 된 것입니다.

저는 요즈음도 하나님의 부르심을 기억하며 가끔씩 부르는 찬송이 있습니다. 새찬송가 234장입니다. 천국에는 해와 달과 별과 등불이 없어도 하늘나라 밝은 빛이 찬란하게 비춘다는 내용입니다. 아, 하늘나라에서 보았던 밝은 빛, 찬란한 광채 바로 이것이었구나! 원래 우리는 빛이 아닙니다. 그러나 요한일서 1장 5절에 보면 '하나님은 빛이시고', 요한복음

8장 12절에 보면 '예수님도 빛'이라고 했습니다. 달이 햇빛을 받아 빛을 발하듯이 하나님을 믿는 우리들은 하나님의 빛을 받아 밝은 빛의 자녀가 되었다는 사실입니다. 저는 그렇게 영적으로 해석이 됩니다. 하늘나라에는 하나님의 밝은 빛이 있고 예수님의 밝은 빛이 있는 것이고, 구원받은 저희들이 이 땅에서 빛의 자녀의 생활을 하다가 하늘로 부름을 받을 때 영혼의 빛이 밝혀져서 같이 어울려 수많은 영혼의 빛이 비춰질 때 얼마나 아름답겠나! 그때 알퐁스 도데가 썼던 〈별〉에 나오는 저 빛은 천국으로 들어가는 빛이라는 단어가 새삼스럽게 떠올랐습니다. 하나님의 빛을 받은 영혼의 빛들이 같이 비춰질 때 찬란한 빛, 광채, 그것이 영화롭고 아름다운 천국의 모습이구나. 저는 늘 하나님 앞에 기도하며 요즈음 이 찬송을 부르고 삽니다. 그래요. 이 세상에는 어둠의 자녀가 있고 빛의 자녀가 있습니다. 빛의 자녀들에게는 이런 또 하나의 영혼의 빛이 있구나, 저는 이 글을 쓰고 싶었습니다. 이 세상에는 또 하나의 빛이 있습니다. 하늘나라에서 이 빛은 계속될 것이고 이 세상 살아가는 동안에도 이 빛을 어둠의 세계에 나누고 비추고 사는 우리의 삶이 되어야겠다 이렇게 기도를 합니다.

내 모습
이대로

많이 불리고 있는 은혜의 찬송 중 〈큰 죄에 빠진 날 위해〉는 샬롯 엘리엇(Charlotte Elliot)이 쓴 찬송시 'Just as I am'을 바탕으로 한 곡입니다. 이 시는 전 세계 수많은 언어로 번역되었습니다. 샬롯 엘리엇이 30대에 큰 병에 걸려 어려움을 당하고 있을 때 한 목사님이 오셔서 말씀을 전해 주셨다고 합니다. 신앙에 대해 갈등하고 회의에 빠져 있던 샬롯은 "나에게 종교 이야기를 하지 말라"라고 했습니다. 샬롯 엘리엇은 너무 무례했던 것 같아서 사과를 드리자 목사님이 웃으시면서 말씀하셨습니다. "있는 모습 그대로 하나님의 어린양께 오세요"(Come just as you

are to the lamb of God). 거기에서 영감을 얻어 만든 찬
송시가 'Just as I am'입니다.

하나님은 내 모습 이대로 쓰십니다. 하나님은
우리가 얼마나 약한 존재인지 잘 알고 계십니다. 너
무 어렵게 생각하지 마십시오. 우리는 넘어질 수밖
에 없고 쓰러질 수밖에 없는 존재임을 하나님은 너
무 잘 아십니다. 시편 103편 14절에 보면 "이는 그가
우리의 체질을 아시며 우리가 단지 먼지뿐임을 기
억하심이로다"라고 되어 있습니다. 하나님은 우리
가 할 수 없는 일을 요구하시지 않습니다. 우리가 기
도하는 가운데 하나님께서 주신 작은 일에 순종하
고 믿음의 발걸음을 한 걸음 내딛으면 하나님께서
그다음 나아갈 길을 인도해 주시고 하나님의 사람
으로 우리를 사용하실 것입니다. 중요한 것은 언제
나 하나님의 말씀을 붙잡고 그 말씀에 순종하는 발
걸음을 내딛는 것입니다. 어려울 때 힘들어도 믿음
으로 순종하고 한 걸음씩 나아갈 때 새로운 삶의 인
생으로 조금씩 조금씩 변화시켜 주십니다.

우리의 변화는 한 번의 순종으로 이루어지는

것이 아니라 반복의 과정 속에서 이루어집니다. 하나님은 우리에게 반복적인 은혜의 체험이 필요한 것을 잘 알고 계십니다. 도움이 매 순간 필요한 것을 하나님도 잘 알고 계십니다. 우리는 하나님의 기대치보다 자신이 더 대단한 줄 알고 사는 사람들을 교만한 사람이라고 합니다. 우리는 하나님의 은혜를 그렇게 많이 경험했어도 또 어렵고 두려운 일이 생기면 벌벌 떨고 하나님을 붙잡고 매달릴 수밖에 없는 약한 존재입니다.

온전한 믿음으로 서기까지는 많은 시간이 필요한 줄을 하나님은 아십니다. 하나님은 우리의 약한 모습을 보시면서도 우리 내면이 강한 믿음의 성도가 되기를 기대하며 기다리시는 분이십니다. 우리가 하나님이 원하시는 선한 일들을 이룰 수 있도록 우리 속에서 일을 시작하신 하나님은 또한 그 일을 마무리하시는 분입니다. 하나님의 이 마음을 잘 표현한 구절이 빌립보서 1장 6절입니다.

너희 안에서 착한 일을 시작하신 이가 그리스도 예수

하나님은 우리가 있는 모습 그대로 나오길 원하십니다. 하나님은 우리의 체질을 아십니다. 우리가 먼지 같은 존재임을 아십니다. 약하고 쓰러지고 넘어지고 또 어려운 문제에 부닥치면 약속의 말씀을 붙잡고 매달릴 수밖에 없는 존재임을 잘 알고 계십니다. 매일매일 순간순간마다 하나님의 손을 붙잡고 기도하는 우리, 이 모습 이대로 주님 앞에 나아가 순종하며 믿음의 발걸음을 내딛어 승리하는 저와 여러분이 되기를 간절히 소원합니다.

최후의 승리가 참 승리다. **독일 격언**

예수님의
양식

일생을 자기 생각과 판단으로 살아가다가 예수님을 만나 새로운 인생을 살게 된 여인이 있으니 바로 수가성 여인입니다. 예수님께서 전도여행을 가실 때에 사마리아 지역에 이르렀습니다. 갈릴리를 가기 위해서는 그곳을 돌아가시면 되는데 예수님은 언제나 정면 돌파를 좋아하시기 때문에 사마리아 땅으로 들어섰습니다(참고. 요 4:27-34).

사마리아에 있는 수가라 하는 곳에 이르러 야곱의 우물 곁에 앉으셨습니다. 그 당시에 이 우물은 마을 중앙에 있는 것이 아니라 마을 입구에 있었습니다. 아침저녁으로 이 마을 저 마을 모든 여인들이 물을 길으려고 모여드는 곳이었습니다. 요즈음은 SNS, 스마트폰, 컴퓨터, 전화, TV 등을 통해서 정보가 교환되지만, 그 당시에는 이 우물이 정보통신 역할을 했습니다. 여인들이 모여서 와글와글하는 수다방이었습니다.

예수님이 그 야곱의 우물에 도착한 시간은 정오 대낮이었습니다. 그 정오에 사마리아 한 여인이 외로이 우물가로 물을 길으러 나왔습니다. 그 여인은 인생이 복잡한 여인이었습니다. 결혼을 다섯 번 했고 이 남자, 저 남자 다 살아봤지만 허무했습니다. 그 여인의 인생은 소진되었습니다. 인생이 싫어졌고, 사람을 피했습니다. 말하자면 염세주의자가 되었습니다. 요즈음 코로나 시대의 단어로는 '코로나 블루'라는 말이 어울릴지도 모릅니다. 아마도 우물가에는 아침저녁으로 많은 여인들이 모여드니까 사람들이 없을 조용한 낮 시간에 혼자 나오게 된 것입니다.

사람을 피해서 정오에 나왔다가 예수님을 만나게 되었습니다. 예수님께서 물을 좀 달라고 청합니다. 그런데 여인이 거절을 합니다. 두 가지 이유가 있었습니다. 첫째 이유는 사마리아인과 유대인은 원수지간인데 왜 사마리아인인 자기에게 물을 달라고 하느냐 하는 것입니다. 둘째 이유는 사마리아 여인이 인생살이가 복잡해서 구설수에 올라 있고 왕따 상태이기 때문입니다. 누가 지나가다가 남자하고 같이 있는 걸 보면 어떤 불미스러운 일이 있는 것 아닌가 하고 쓸데없는 말이 생길지도 모르기 때문입니다.

예수님은 계속해서 "나한테 마실 물을 달라. 네가 주는 물은 마셔도 목이 마르지만 네게 영원히 목마르지 않는 영생수를 주겠다"라고 하셨습니다. 여인이 놀라서 묻습니다. "그런 물도 있습니까?" "내가 오늘 너에게 그 영생수를 주겠다."

이 여인은 '아, 이분이야말로 우리가 기다리고 기다리던 메시아다'라고 생각해서 얼굴이 환해지고 가슴이 뜨거워졌습니다. 물동이를 내던져 놓고 마을로 뛰어들어 가 사람들에게 "자, 나와 봐라. 우리가 그렇게 고대하던 메시아가 왔다. 메시아가 왔다"라고 외쳤습니다.

그때 제자들이 식사 시간이 되어서 점심을 준비하여 우물가에 와보니까 예수님이 이방 여인하고 얘기를 나누고 계셨습니다. 그래도 "왜 사마리아 여인하고 얘기를 나누고 계십니까?"라고 묻는 제자가 없었다고 성경은 기록하고 있습니다. 여인의 환한 얼굴을 보고 '아, 예수님 만나 은혜를 받았구나' 하는 것을 제자들이 느꼈기 때문입니다.

제자들이 예수님께 "점심때가 되었는데 배가 고프시죠? 여기 점심 준비해 왔습니다. 드십시오"라고 했습니다. 그런데 예수님이 "안 먹겠다"라고 말씀하십니다. "안 잡수시다니요. 때가 되었는데 잡수셔야죠." 그때 예수님이 하신 말씀이 있습니다. "내가 먹는 양식은 너희가 먹는 양식과 달라. 보내신 이의 일을 행하는 일과 그 일을 온전히 이뤄 드리는 것이 나의 양식이다"(요 4:34).

왜 예수님이 안 잡수시겠다고 그러셨을까요? 예수님이 말씀하신 이 '양식'을 먹으면 힘과 능력과 영력이 넓어집니다. 이것이 예수님의 양식과 우리가 먹는 양식의 차이입니다. 부족한 저는 이 예수님의 양식을 먹어 본 간증이 있습니다. 제가 원래 가난한 가정에서 자랐기 때문에 잘 먹지 못했고 또 실명 후에 길거리를 헤맸습니다. 제대로 먹지 못해서 원래 체질이 약한데다 그런 상태에서 공부를 하고 사역자가 되어서 일을 시작하고 집회를 다녔습니다. 체력이 모자라 하루 활동 시간이 몇 시간 되지를 못했습니다. 금방 지치고 힘들어하고 쉬어야 했고, 쓰러지기도 많이 했습니다.

그때 아프리카에 갈 일이 생겼습니다. 아프리카 중부 지역에는 에이즈 환자가 많습니다. 그중에서도 환자 부모에게서 태어난 어린이들은 보균자로 태어나기 때문에 에이즈 증상이 있습니다. 저는 그 이야기를 듣고 가슴이 뜨거워져서 '그곳이 내가 갈 사역지구나' 생각하고 아프리카를 가게 되었습니다. 저는 스무 시간 남짓 비행기 타는 것 자체가 힘듭니다. 환승을 거듭하고 입국 수속을 하는 과정이 너무 피곤하고 힘들었습니다. 게다가 새로운 숙소, 새로운 사람 만난다는 게 상당히 신경이 쓰이고 어려웠습니다. 또한 말씀을 전하는 일도 많은 에너지를 소비하는 일이라 어려웠습니다.

　저는 그 아이들의 이야기를 들을 수가 있었습니다. 에이즈 증상을 잘 조절해도 열 살을 넘기기가 힘들답니다. 정말 가슴이 아팠습니다. "어찌해야 되겠습니까? 부족한 종이 어떠한 메시지를 이 아이들에게 전해야 되겠습니까?"라고 기도를 많이 했습니다. 하나님이 허락하셔서 저는 하늘의 꿈(이상)을 심어 주는 말씀을 이 아이들에게 나누어 줬습니다(참고. 사 11:6-8, 35:5).

　"우리가 들어갈 천국에서는 사자가 노루나 짐승을 먹지 않고 풀을 뜯어 먹고 우리 어린이들과 같이 놀아줘. 독사 입에 우리 손을 넣어도 물지 않는 곳이야. 양과 이리가 같이 놀고 어린이들이 사자들과 같이 놀아. 천국은 그런 곳이야. 앞을 못 보는 안요한 목사도 눈을 볼 수 있어. 그래서 우리는 하늘나라에서 만나서 나는 너희들과 같이 춤도 추고 풀밭도 같이 뛰어다니고 숨바꼭질도 하고 우리는 재미있게 지낼 수가 있단다." 이 말씀을 듣고 아이들이 너무 즐거워하는 겁니다. 환한 그들의 모습이 느껴졌습니다. "참 좋지? 예수님이 우리를 사랑하지? '예수 사랑하심은' 같이 찬송 부르자!" 손을 잡고 찬송을 부르는데 손이 모자라니까 제 옷자락을 붙잡고 허리를 붙잡고 제 주위에 둘러서서 깡충깡충 뛰면서 '예수 사랑하심은 거룩하신 말일세' 찬송을 함께 기쁘게 불렀습니다. 보내신 이의 일을 행하고 그 일을 온전히 이루어 드리니까 힘이 생기고 능력이 생기고 영력이 넓어지는 것을 체험했습니다. 이것이 하나님의 일을 할 때 우리가 먹게 되는 '영적 양식'이라고 생각합니다.

사랑하는 성도 여러분, 여러분! 우리는 하나님의 일을 온전히 이룰 때 예수님이 주시는 양식을 먹게 됩니다. 하나님이 주시는 힘과 능력과 영력을 공급받습니다. 하나님께서 사랑하는 여러분 모두에게 천국의 소망을 심어 주고 인생의 행복을 전해주시기를 축원합니다.

생애 최고의 날은 자기의 사명을 발견하는 날이다.

칼 힐티

억지로 진
십자가

'새옹지마'라는 말이 있습니다. '그 일이 잘될
일인지 못될 일인지 어떻게 아느냐?'라는 뜻입니다.
우리가 일이 잘되고 순풍에 돛을 단 듯 잘 풀리면 하
나님이 살아 계시고 축복을 받았다고 합니다. 그러
나 힘든 일이 생기고 일이 안 풀리고 어려울 때면
'화를 당했다', '하나님이 안 계시다'라고 말합니다.

성경을 보면 예수님께서 채찍을 맞으시고 머
리에 가시관을 쓰시고 골고다로 걸어가십니다. 로
마 병정의 채찍을 맞아가며 '십자가의 길'(비아 돌로로
사, Via Dolorosa) 14개 초소 중 5번째 초소에 도착하
자 예수님은 너무 힘들고 지쳐 로마병정들이 채찍

을 내리쳐도 일어날 수가 없었습니다. 그때 안 되겠다 싶어 로마 병정이 좌우로 둘러선 사람들을 돌아보다가 알렉산드리아와 루포의 아비인 구레네 사람 시몬과 눈이 마주치게 되었습니다. "너 이리 와서 이 십자가를 대신 지고 가." 그때 구레네 시몬은 그랬을 겁니다. '얼마나 재수가 없으면 이 많은 사람 가운데 내가 찍혔나.' 불평을 하면서 십자가를 대신 지고 올라갔습니다. 억지로 지니까 더 힘들고 무거웠을 겁니다. 우리나라 속담에 며느리가 시댁에서 설거지를 할 때 오뉴월에도 물이 차갑다고 느낀다는 말이 있습니다. 얼마 가지 못해서 다시 예수님께서 십자가를 되받아 지시고 갈보리까지 가셨습니다. 그러나 그 십자가는 부활의 십자가가 되었고, 큰 영광의 십자가가 되었습니다. 구레네 시몬은 십자가를 잠깐 대신 졌다는 엄청난 축복을 받게 되었습니다.

이렇듯 때로, 우리가 받는 고난과 어려움이 하나님의 경륜일 수도 있습니다. 토마스 아 켐피스 (Thomas a Kempis)는 말하기를 "인간의 화는 하나님의 섭리와 경륜을 깨닫지 못하는 순간만큼만 화가 되

고 깨달아지는 순간에는 화가 복이 될 수 있다"라고
했습니다. 하나님은 화를 통해서 복이 되게 해주시
는 분입니다. 억지로라도 순종하면 화가 복으로 바
뀌어 질 수 있다는 것입니다. "우리를 괴롭게 하신
날수대로와 우리가 화를 당한 연수대로 우리를 기
쁘게 하소서"(시편 90:15). 참으로 하나님은 화를 복으
로 바꾸시는 하나님이십니다.

　　제가 안양에 있는 소년원에 한 번 가본 적이 있
습니다. 그곳 담당 목사님이 그런 말씀을 하셨습니
다. 아홉 살 때 가정환경도 어렵고 좋지 않은 일이
있어서 상당히 방탕하고 나쁜 짓 많이 하다가 소년
원에 들어온 원생이 있는데, 여기에서 예수님을 만
났습니다. 그 후 열심히 공부해서 검정고시 아홉 과
목 중 여덟 과목을 100점 만점을 받았고 한 과목만
92점을 받아서 892점으로 한국 최고 득점자가 되었
습니다. 그 소년에게 앞으로 너 어떻게 살고 싶니 물
었더니 나처럼 어려운 환경에서 어렵게 생활하다가
죄를 짓고 범죄하는 그런 친구들에게 예수님의 복
음을 전하는 그런 삶을 살고 싶다고 했답니다. 그 소

년의 삶은 부정적인 데서 긍정적으로 변화되었습니다. 우리가 어떠한 어려운 화를 당하더라도 하나님은 오히려 화를 복으로 바꾸시는 역사하시는 하나님이심을 깨달아야 합니다.

우리가 억지로라도 순종하면 복이 됩니다. 순종은 제사보다 낫습니다. 제가 캘리포니아 집회 갔을 때입니다. 그때 제게 승용차로 섬겨 주시던 남자 교인이 계셨습니다. 그분의 어머님이신 권사님이 목사님 부흥회 하는 기간 중에 네가 목사님을 승용차로 섬겨 드리라고 하셨답니다. 사실 자신은 하는 일이 바빠서 어렵다고 했지만 어머님의 간곡한 권면에 순종하는 마음으로 제 집회 기간 동안 차량으로 도와주었습니다. 그런데 예배가 끝나야 차량 봉사가 가능하니까 예배가 끝날 때까지 교회 구석에 앉아서 말씀을 듣다가 성령의 감동으로 은혜를 받았습니다. 할렐루야! 지금은 목사님 되셔서 엄청난 큰 사역을 현재도 하고 계십니다. 그 목사님의 말씀이 "억지로라도 순종하면 복이 된다"라고 강조하십니다.

성경에 그런 말씀이 있습니다. 포도원 농부가 열매를 거둘 때가 되어 큰아들을 불러 좀 와서 도우라 그랬더니 "아, 내가 장남인데 하죠. 갈게요"라고 했습니다. 작은아들은 "형이 다 알아서 할 건데 내가 왜 가요?"라고 했습니다. 그 후 농부가 포도원에 가 보니 "네"라고 대답한 큰아들은 안 보이고, "아니오" 했던 작은아들만 열심히 일하고 있었습니다. 그래서 작은아들만 복을 받았습니다. "네" 하고 안 하는 것보다 "아니요" 했지만 나중에라도 순종하는 사람을 하나님이 사용하시고 축복하십니다.

순종은 언제나 새로운 시작이요 축복의 문을 여는 길입니다. 억지로라도 순종하면 하나님이 복으로 만들어 가십니다. 우리 성도님들 교회에서 목사님께서 "성가대 좀 해라, 봉사 좀 해라, 사역을 좀 해라" 말씀하실 때, 하기 싫지만 "네" 하고 해보세요. 하나님이 하게끔 역사해 가시고 이루어 가시고 새로운 복을 만들어 주십니다. 저도 아버님께서 신학을 하고 목사가 되라고 권면하셨을 때에 하나님이 없다고 써 붙이며 "아니오" 하던 죄인이었지만 육신의 눈을 잃고 "네" 하고 순종할 때 하나님께서 다시 불러주셔서 작은 종이 되어 지금까지 사역을 감당하고 있습니다.

"네" 하며 억지로라도 순종하며 교회 생활 잘하시고 예수님 만나 큰 복 받는 우리가 되었으면 좋겠습니다. 억지로라도 순종합시다. 구레네 시몬이 억지로 진 십자가가 축복이 되어 그의 아들 루포는 하나님의 큰 일꾼이 되었습니다. 사도 바울은 루포의 모친을 믿음의 어머니로 여겼습니다. 억지로 진 십자가라도 이처럼 큰 축복이 됩니다. 우리도 억지로라도 순종합시다. 복 받읍시다. 잘됩시다. 감사합니다.

낮은 수준의 순종으로는 높은 수준의 확신을 경험할 수 없다. **조엘 비키**

최고의 절망은
최고의 희망이다

그러므로 내일 일을 위하여 염려하지 말라 내일 일은
내일이 염려할 것이요 한 날의 괴로움은 그 날로 족하
니라 마6:34

미래를 보는 데는 두 가지 눈이 있습니다. 염려
로 보는 눈이 있고, 믿음으로 보는 눈이 있습니다.
염려는 개인이든 가정이든 교회든 어느 단체든 멸
망으로 가는 길입니다. 그래서 오늘 본문 말씀에 주
석한 바클레이는 염려에 대해서 이렇게 말씀했습니
다. "염려는 불안한 마음으로 미래를 보는 사람을 만
들고 믿음을 가진 사람은 소망으로 미래를 본다." 염

려하는 사람은 내일은 또 어떻게 살꼬 걱정하며 살고, 소망 중에 사는 사람은 이것까지도 하나님이 잘 되게 해주실 것이라는 믿음으로 삽니다. 염려하는 사람의 특징은 하나님의 가능성과 전능성에 눈이 멀어 깨닫지 못하게 되고, 이 믿음으로 소망으로 사는 사람은 하나님의 가능성과 전능성을 믿고 복되게 삽니다. 특별히 염려하며 사는 사람은 항상 그 결과가 좋지 않습니다.

예수님께서 한 날의 괴로움은 그날로 족하다고 말씀하신 것을 보면 사람이란 다 괴로움을 가지고 있습니다. 고난이 있거나, 사업이 안 되거나, 질병이 있거나 여러 가지 괴로움을 안고 살아갑니다. 특히 염려는 사람을 가장 크게 괴롭힙니다. 염려 안 하고 싶은데도 자꾸 염려하는 마음이 생기는 것은 참으로 복잡한 문제입니다. 그래서 예수님께서도 우리 마음에서 염려 없애고 평안을 주시고자 '소망을 가지고 미래를 봐야 한다'고 가르치셨습니다.

로마서 12장 12절 말씀에 "소망 중에 즐거워하며 환난 중에 참으며 기도에 항상 힘쓰라"라고 하셨습니다. 소망을 가지고 미래를 보는 사람은 항상 기뻐하며 살 수 있습니다. 그러나 염려하고 미래를 보는 사람은 언제나 슬퍼하고 낙망하여 삽니다. 그렇게 살아서는 안 됩니다.

주님은 늘 미래를 소망으로 바라보고 살라고 하십니다. 요한복음 14장 1절에도 "너희는 마음에 근심하지 말라 하나님을 믿으니 또 나를 믿으라 내가 너희를 위하여 처소를 예비하러 가노니 나 있는 곳에 너희도 있게 하리라" 말씀하셨습니다. 소망을 가지고 즐겁게 사는 사람과 염려하며 좌절하면서 사는 사람은 완전히 다릅니다.

여러분이나 저나 우리 시각장애인들이 가장 귀히 여기고 살아야 할 말씀이 있습니다. 베드로후서 3장 13절을 보면 이런 말씀이 있습니다. "보라 내가 새 하늘과 새 땅을 바라보도다." 영적인 장애인과 아닌 사람과의 차이는 여기 있습니다. 우리 시각장애인들은 이 세상 사물을 보고 싶어도 못 봅니다. 하지만 우리는 대신 무엇을 봅니까? 새 하늘과 새 땅을 바라봅니다.

육신의 눈으로 보는 사람은 낡은 세상, 더러운 세상을 보고 삽니다. 우리는 이 세상의 것을 안 봅니다. "새 하늘과 새 땅"을 봅니다. 우리 시각장애인들의 현실은 어렵지만 우리는 미래의 소망을 가지고 살아갑니다.

어떤 사람이 글을 썼는데 (때리는) '매'라는 제목의 글을 썼습니다. 호두나무가 서 있습니다. 호두는 저절로 안 떨어집니다. 호두는 두들겨야만 떨어집니다. 그래서 호두를 딸 때는 호두나무 밑에 큰 방석을 깐다거나 주머니 같은 것을 잔뜩 열어 놓고 막 두들기면 후두둑 주머니 안에 쏙 들어갑니다.

가끔 어떤 때는 일이 막 겹치고 꼬여 가지고 하나님이 나를 두들기는 것 같은 그런 때를 느낄 때가 있습니다. 그것이 무엇입니까? 바로 연단입니다. 우리를 훈련시켜서 하나님이 다른 방법으로 크게 쓰기 위한 과정입니다.

우리 민족도 많이 두들겨 맞았습니다. 1950년도 이후에 태어난 사람들에게는 옛날이야기처럼 들리겠지만, 이야기 하나 하겠습니다. 1950년 6월 25

일에 북한이 남침을 했습니다. 전쟁 때문에 많은 사람이 죽고 피난 가고 고생을 했습니다. 저는 그때 초등학교 6학년이었습니다. 6.25가 나서 이북에서 남한으로 내려왔다가 피난민 속에서 얼마나 배고팠는지 모릅니다.

수많은 피난민들이 남쪽으로 내려갔는데 더 이상 갈 수가 없습니다. 이제 앞에 바다가 있을 뿐입니다. 땅덩이도 좁아서 더 갈 데도 없습니다. 제주도로 가고, 또는 거제도로 갔습니다. 저희는 거제도로 갔습니다. 수십만 명이 그 조그만 섬에 꽉 찼습니다. 편안한 잠자리가 어디 있겠습니까? 산기슭과 산꼭대기, 그리고 바닷가에서 그냥 자는 겁니다. 힘들지만 그렇게 생활할 수밖에 없었습니다.

그런데 미군들이 자비를 베풀어 천막을 많이 갖다줘서 거기서 살았습니다. 다행인 것이 거제도는 파도가 심하게 일지 않아서 잔잔하기 때문에 해변가에 새까맣게 천막을 치고 살았습니다. 천막 하나에 열 세대가 살았습니다. 가운데 통로가 하나 있고 양쪽에 다섯 세대가 있었습니다. 피난 보따리로

칸을 막아서 요건 우리 집, 요건 너희 집, 이렇게 열 세대가 살았습니다.

생각해 보세요. 열 세대가 한 천막 안에 있는데 텐트에 햇빛이 비치면 여름에 얼마나 더운 줄 아십니까? 그냥 사람들을 삶아 버립니다. 그 팍팍 찌는 더위 속에서 열 세대가 한 천막 안에서 지냈습니다. 몸이 아파서 신음하는 사람들, 화장실 간다고 들락날락하는 꼬마들, 싸우는 사람들, 딸그락 소리, 이런 소리 저런 소리가 함께 들렸습니다. 그런 곳에서 사람이 살 수 있겠습니까? 잠이 오지 않습니다.

그런데 어느 날부터 믿는 사람들이 나타났습니다. 어떤 분은 혼자 찬송을 불렀습니다. '우리가 이럴 게 아니라 천막을 하나 더 구해서 천막교회를 만들어서 새벽기도를 하자!'라고 제안을 하는 사람이 있었습니다. 이분들이 잠도 안 오고 복잡하니까 한 군데 모여서 찬송 부르고 기도하자는 생각을 했습니다. 그래서 천막을 하나 더 구해 가지고 '천막교회'를 만들었습니다. 사람들이 천막교회에 몰려들었습니다. 천막이 찢어질 정도였습니다. 그래서 여

또 하나의
빛

0
4
7

기저기 천막교회가 많이 생겨서 신자들이 마음껏 찬송 부르고 큰 소리로 기도하였습니다. 하나님이 고난과 절망 중에 주신 큰 은혜였습니다.

전쟁 중에 두들겨 맞고 우리가 손해만 본 것입니까? 아닙니다. 한국 교회는 새벽기도회를 통해서 영적 부흥을 가져왔습니다. 고난이 꼭 손해 보는 것만은 아닙니다. 하나님의 은밀하신 뜻 안에서 주님의 은혜를 체험하는 기회가 되기도 합니다.

어떤 사람이 〈불필요한 열등감〉이라는 글을 썼습니다. "키가 큰 사람은 비를 많이 맞으니 손해고, 키가 작은 사람은 햇빛이 늦게 도착하니까 젖은 옷이 늦게 말라 손해다. 뚱뚱한 사람은 면적이 넓어 비를 많이 맞아서 손해고, 또 작은 사람은 햇빛을 적게 받아서 손해다. 걸음이 빠른 사람은 앞에 오는 비를 다 맞아서 손해고, 걸음이 늦은 사람은 뒤에 오는 비까지 다 맞아야 하니까 손해다." 그러니까 키가 크든 작든, 빠르든 느리든, 뚱뚱하든 홀쭉하든 간에 다 도토리 키 재기라는 말입니다. 참새 눈꼽만 한 차이 가지고 열등감에 시달리지 말고 열등감에서 벗어나라는 것이 그 글의 내용입니다. 그렇습니다. 우리는 열등감 대신 하나님이 주신 은혜를 가지고 자족하며 살아야 합니다. 내일을 염려하지 말고 새로운 한 날에 만족하면서 살아가야 합니다.

스펄전 목사가 한 유명한 말이 있습니다. "절대 절망은 절대 소망이다." 우리가 부활하신 주님을 믿고 의지하고 따라가면 우리의 질병이든 환경이든 사업이든 간에 절대 절망은 아닙니다. 우리 주님은 절대 절망을 절대 소망으로 바꿔 주시는 분입니다. 그분이 누구십니까? 우리 하나님 아버지이십니다.

우리는 그런 아버지의 자녀입니다. 감사하십니까? 절대 소망을 주시는 분이 우리 아버지라는 사실이 얼마나 든든합니까? 우리 모두 이렇게 기도합시다. "절대 절망을 절대 소망으로 만들어 주시는 분은 하나님이십니다. 하나님 아버지. 바꾸어 주시옵소서. 절망을 소망으로 바꾸어 주시옵소서."

실패와 절망 가운데 과연 이 길이 내 길인가 하는 두려움 속에 있습니까? 그렇다면 당신은 성공한 모든 사람

들이 지나간 바로 그 길 위에 있습니다. 깊은 절망감,

그것은 성공의 절대 조건입니다.

이영표(스포츠해설가, 전 축구선수)

파란
하늘

부족한 종이 주의 은혜로 싱가포르 한인 교회에서 집회를 가진 적이 있습니다. 집회를 마치고 나오는데 한 남자 집사님이 저에게 "목사님, 목사님을 모시고 꼭 가보고 싶은 데가 있는데 제 차를 좀 타주십시오"라고 말했습니다. 점심시간이니까 식사를 대접하고 싶어서 그런가 해서 감사한 마음으로 승차를 했습니다. 생각보다 한참을 간 후에 "목사님, 지루하셨죠? 다 왔습니다. 내리시죠" 해서 내렸는데 그곳은 식당이 아니라 한약방이었습니다. '왜 식당이 아니고 한약방에 왔나?'라고 생각하는데, 집사님이 "목사님, 이곳은 굉장히 유명한 한의사가 계신 곳입니다. 목사님 아마 치료받으시면 좋은 일이 있을 거예요. 들어갑시다."

그렇지만 사람이 어찌나 많은지 한참을 대기실에 앉아 있는데 드디어 한의사란 분이 나오셨습니다. 어디서 왔느냐, 어디가 불편하냐, 어떤 치료를 원하느냐 아무 말씀도 안 하시고 그냥 왼쪽의 시계를 풀라고 한 후 왼쪽, 오른쪽 손을 번갈아 가면서 여러 번 진맥을 하시더니 "앞이 안 보이세요?"라고 해서 깜짝 놀랐습니다. "예, 저는 앞을 못 보는 사람입니다." 그분 말씀이 "잘 오셨습니다. 최근에 영국 여자 한 분이 당신과 같은 분이었는데, 제가 치료해 드려서 본 적이 있습니다. 잘 오셨습니다. 잠깐 기다리십시오." 그러더니 약 한 재를 들고 나오셨습니다. 우리나라 한방 한 재는 스무 첩인데 싱가포르 한방 한 재는 열 첩입니다. "이걸 잡수시면 눈이 밝아지실 거예요." 저는 아무런 느낌이 없었습니다. 그럴 리가 있습니까? 유명한 의사, 유명한 처방 다 받아 보고, 등허리를 파는 아픈 치료 다 받아도 못 보았는데 이건 뭐 제가 그 한 재를 먹고 보게 된다는 것을 믿을 수가 없었습니다. 그런데 저를 안내했던 집사님은 너무 좋아서 깡충깡충 춤을 추면서 "목사님 축하합니다"라고 합니다. "고맙습니다. 돌아갑시다"라고 했지만 저는 전혀 믿지 않았습니다.

이튿날 싱가포르에서 서울로 오는 비행기를 탔습니다. 일곱 시간 동안 비행기에 앉아서 무료하기도 하고 이 생각 저 생각 하다 보니까 의사가 하던 말이 생각이 났습니다. '이 약을 먹으면 볼 수 있다.' 믿어지지 않았지만 볼 수 있다, 볼 수 있다 되풀이하니까 내가 볼 수 있는 사람이 되는 것 같았습니다. 어린아이들을 보고 운다, 운다, 운다 하면 우는 것처럼. 그러니까 보는 사람처럼 돼 버렸습니다. 그리고 보게 되면 무엇을 보게 될까 순서를 매기게 되었습니다. 이런저런 생각을 하다 보니 인천공항에 도착하게 되었고 집에 돌아오자마자 집사람에게 빨리 한약을 달여 달라고 했습니다. 집사람이 정성껏 달여서 한 컵을 주었고 그 한 컵을 마시고 나니 기분과 감정이 참 이상했습니다. 가슴이 뛰고 부풀어 올랐습니다.

잠을 잤고 아침에 또 두 번째 컵을 마셨습니다. 여덟 첩 남았습니다. 가슴이 부풀어 오르며 내가 그리던 하늘을 '요것만 마저 먹으면 볼 수 있겠구나'라고 생각했습니다. 세 번째 컵을 마시기 시작했습니다. 그런데 서너 모금 마시는데 이건 웬일입니까? 컵을 잡은 제 왼쪽 손이 아무 이유도 없이 부들부들 떨리는 겁니다. 아무리 힘을 줘도 제어가 안 됩니다. 손이 와들와들 떨리더니 컵에 있던 한약이 다 쏟아졌습니다. 그때 성령님께서 저를 찾아주셨고 조용히 말씀하셨습니다. "요한아, 아직은 나의 때가 아니니라." 분명히 말씀해 주셨습니다. 저는 너무 놀랐고, 그 순간 사도 바울의 고백이 떠올랐습니다. 바울의 세 번의 간절한 간구에도 하나님은 고쳐 주시지 않았습니다. 그때 바울은 고백합니다. "나에게 이르시기를 내 은혜가 네게 족하도다 이는 내 능력이 약한 데서 온전하여짐이라 하신지라 그러므로 도리어 크게 기뻐함으로 나의 여러 약한 것들에 대하여 자랑하리니 이는 그리스도의 능력이 내게 머물게 하려 함이라"(고후 12:9). '아, 하나님의 또 다른 뜻이 계

셨구나!' 우리는 바울이 순종했던 것처럼 하나님의
말씀에 순종해야 합니다.

저는 불순종으로 인해 엄청난 어려움을 체험
한 사람입니다. 하나님이 없다고 써 붙이고 반항하
던 죄인의 괴수이자, 불순종의 대가가 얼마나 큰지
를 누구보다 잘 알고 있습니다. 아담 하나가 불순종
함으로 하나님과의 관계가 멀어지고 죄악이 하나님
과 우리 사이를 갈라놓는 엄청난 결과를 만들었습
니다. 불순종은 안 됩니다. 그래서 순종하기로 했습
니다. 고린도전서 2장 2절 말씀이 생각났습니다. 바
울의 고백입니다. "내가 그리스도와 십자가 외에는
아무것도 알지 않기로 작정하였노라." 바울은 작정
했습니다. 그런데 사람들의 작정이라는 것, 결심이
라는 것은 그리 오래 가지 못합니다. 환경에 따라 순
간적으로 변하게 됩니다. 인간의 교만은 순간적입
니다. 교만이 뭡니까? 하나님 앞에서 자기가 대단한
줄 아는 것이 교만 아닙니까. 제 주위에 보아도 그렇
게 겸손하던 사람이 잘 되니까, 높아지니까 그렇게
교만해집니다. 겸손과 교만은 순간적입니다. 인간

의 작정과 결심은 언제나 변합니다. 바울은 "또한 모든 것을 해로 여김은 내 주 그리스도 예수를 아는 지식이 가장 고상하기 때문이라 내가 그를 위하여 모든 것을 잃어버리고 배설물로 여김은 그리스도를 얻고 그 안에서 발견되려 함이니"(빌 3:8). 배설물처럼 여기겠다고 합니다.

그 말씀이 생각이 나서 휴지통에 버린 그 한약 봉지를 전부 찢어서 다른 쓰레기랑 섞어 버리라고 아내에게 말했습니다. 내 마음이 변하고 미련이 생겨서 다시 가져오라고 할까 하는 초조감이 생겼기 때문입니다. 집사람이 눈물을 흘리며 주저했습니다. "여보, 말씀에 순종해야지. 하나님이 그러셨어." 집사람은 결국 나가서 찢어서 다른 쓰레기랑 같이 섞어 버리고 돌아왔습니다. 그 이야기를 들으니까 마음에 평화가 찾아오고 행복이 느껴졌습니다. 주님의 평화가 찾아오니 모든 것을 이길 수 있습니다. 예수님도 십자가를 앞에 놓고 기도하셨습니다. 하나님이 말씀하셨습니다. "너는 내 사랑하는 아들이요, 기뻐하는 자가 아니겠느냐!" 예수님은 평화를 회복하셨고 말씀하셨습니다. "애야, 가자. 십자가를 질 수 있겠다." 그렇습니다. 평화는 모든 것을 이길 수가 있습니다.

우리 맹인들의 경우에는 눈앞에 1센티미터의, 1밀리미터의 공간도 없습니다. 24시간 깜깜한 사람이 저 높은 푸른 코발트블루 하늘을 바라볼 수 있다면, 직접 내 눈으로 볼 수만 있다면 얼마나 좋을까요? 어린애처럼 팔짝팔짝 뛸 겁니다. 저는 사실 파란 하늘을 정말 보고 싶습니다. 요즈음처럼 장마가 있고 태풍이 지나가고 나면 파란 가을 하늘이 나타납니다.

가까이 사는 처제가 저를 찾아와서 "목사님, 오늘은 참 하늘이 맑고 파래요. 나하고 산책 좀 나가요." 요즈음 코로나 시절에 다들 갈 곳이 없는데, 그래도 다행히 가까이에 공원이 있어서 공원을 갔습니다. 의자에 앉아서 따뜻한 가을 햇볕을 받으며 저는 고개를 올려 하늘을 쳐다보며 코발트블루 그 파란 높은 하늘을 맘껏 쳐다볼 수 있었습니다. 눈을 감으니 바로 마음의 평화가 임하고 파란 하늘이 느껴졌습니다.

사랑하는 성도 여러분, 힘들고 어려운 일이 있더라도 세상이 힘들더라도 답답하시더라도 언제라도 바라볼 수 있는 파란 하늘을 볼 수 있다면 얼마나 행복할까요. 오늘을 이길 수가 있습니다. 파란 하늘 정말 보고 싶습니다. 감사합니다.

우리의 눈이 향하는 곳에 우리의 마음이 가게 되어 있고. 우리의 마음이 가는 곳에 우리의 눈이 머문다. 그리스도가 우리의 가장 큰 상급이 되면. 그분이 우리의 최고의 초점이 된다. **토니 라인케**

인간의 운명론과
하나님의 섭리

　우리는 이 세상에 태어나서 삶을 마치는 순간
까지 여러 일을 겪게 됩니다. 심한 고난을 겪으면 운
명론에 빠지는 사람과 하나님의 섭리를 믿는 사람
의 태도가 확연히 갈립니다. 운명론이란 무엇입니
까? 사전에 따르면 모든 자연현상이나 일들이 그렇
게 정해져 있기 때문에 사람의 노력으로는 도저히
변경시킬 수 없음을 의미합니다. 그래서 운명론자
들은 아무도 자기들을 도와주지 않는다고 여기며
의지의 자유라든지 섭리까지도 부정합니다.

　구약의 이스라엘 백성들은 바벨론에 포로로 잡
혀가 여러 일을 겪으며 의미 없는 삶을 살아가고 있

었습니다. 자기들은 벽돌을 지며 땀을 흘리며 고생하는데, 좋은 집에서 편안하게 살아가는 사람들의 모습을 볼 때에 큰 좌절감을 느끼게 됩니다. "평생 이렇게 고생하며 당하고 살아가야 되나?" 하고 좌절하는 사람들은 본성에 따라 살면서 하나님도 버리고 깊은 운명론에 빠지게 됩니다. 하지만 하나님의 섭리를 믿는 사람들은 바벨론 강변에서 울며 하나님께 부르짖고 기도했습니다. "하나님 우리를 불쌍히 여겨 주소서. 절망과 좌절 속에 빠진 이스라엘 백성들에게 새로운 힘과 비전과 꿈을 주시옵소서." 부르짖고 기도할 때에 하나님께서 하늘문을 여시고 뜻과 이상을 보여 주셨습니다. 그들은 70년의 포로 생활에서 해방되고 새로운 삶의 비전을 보게 되었습니다.

섭리가 개입되면 해결됩니다. 섭리가 개입되면 우리의 꿈과 비전이 이루어집니다. 섭리가 무엇입니까? 섭리란 하나님께서 우리의 일생에 되어 가는 모든 일을 다 가슴에 담으시고 날마다 순간마다 필요하신 때마다 하나님의 주권으로 이루어 가시는 것을 말합니다. 우리가 기도할 때에 하나님이 응답해 주시고 하나님의 섭리가 열리어 새로운 삶의 길로 인도해 가십니다.

운명론자와 섭리를 믿는 자는 죽은 잉어와 산 모래무지에 비교할 수 있습니다. 잉어는 몸집도 크고 잘 생겼지만 죽으면 배를 하늘로 드러내고 바람 따라 물결 따라 정처 없이 떠내려갑니다. 운명론에 빠진 삶이 이와 같습니다. 그렇지만 섭리를 믿는 이들은 모래무지처럼 몸은 작고 순하지만 강 바닥을 쓸며 물살을 거슬러 올라갑니다. 힘차게 올라갑니다. 섭리를 믿는 하나님 백성의 삶이 이와 같습니다. 우리는 죽은 잉어가 아니라 살아 있는 모래무지와 같은 믿음의 승리자가 됩시다.

3월의 따뜻한 햇빛에 대지는 아지랑이 꿈을 피우고, 꽃망울이 열리고, 새로운 삶의 꿈과 비전을 주고 있습니다. 3월의 문턱에 서서 가슴을 열고 창공을 바라보며 젊은 희망을 품고, 모래무지처럼 하나님의 섭리하심에 이끌리어 도전해 가는 멋있는 우리의 삶이 되면 참 좋겠습니다.

'더 좋은 미래, 더 좋은 삶, 더 좋은 내일'(better future, better life, better tomorrow)이 되도록 인도하시는 하나님의 손길을 믿습니다. 할렐루야!

이 세상에는 정말 우연히 발생하는 것처럼 보이는 사건들이 있다. 그러나 실상 그것들은 모두 다 하나님의 통제를 받고 있는 것이다. **마틴 로이드 존스**

가르치는 사랑보다
보여 주는 사랑을

홀로코스트를 겪은 유대인 작가 엘리 위젤(Elie Wiesel)은 사랑의 반대는 미움이 아니고 무관심이라고 했습니다. 하나님은 사랑이십니다. 그런데 인간들이 죄에 빠져 멸망당할 때 하나님께서 무관심하셨다면 사랑의 하나님이 아니십니다. 하나님은 사랑이시기 때문에 인간이 죄에 빠져 지옥불에 들어가 멸망당하는 모습을 차마 볼 수가 없어서 독생자 예수님을 이 땅에 보내셨습니다. 나 대신 그 험한 십자가를 지고 땀과 눈물과 피를 흘리시고 우리를 구원해 주셨습니다.

정의로운 사람을 위해 대신 죽는 것도 어렵습

니다. 선한 사람을 위해 대신 죽는 것도 어렵습니다. 하물며 나 같은 죄인을 위하여 대신 십자가에 죽는 일은 상상도 못할 일입니다. 우리가 잘나서가 아니고 우리가 아직 죄인 되었을 때에 무한한 하나님의 은혜로 십자가의 사랑을 통해 우리를 구원해 주셨습니다. 우리를 구원하시기 위하여 험한 십자가까지 지신 예수님의 순종은 우주에서 일어난 모든 순종 가운데 최고봉이라 할 수 있습니다. 예수님이 십자가에서 남기신 마지막 말씀이 무엇입니까? '다 이루었다'(It is finished)입니다. 무엇을 다 이루셨습니까? 하나님이 세상을, 나를 이처럼 사랑하사 이 세상에 오셔서 인간의 죄를 대속하시려는 목적을 다 이루었다는 것입니다(요 3:16). 하나님의 그 크신 사랑을 보여 주셨습니다.

제가 실명 후 길거리를 방황하며 구걸할 때에 하나님의 은혜로 신학을 배울 수 있는 기회가 주어졌습니다. 구두 닦는 소년들의 도움을 받아 여러 신학교를 찾아가서 입학을 호소했지만 번번이 거절되었습니다. 그러던 중 한 곳을 찾아가게 되었는데 그때 저를 맞아 주신 교수님이 계셨습니다. 그 교수님께서는 아무 말씀도 없이 남루한 저의 지저분한 손에 따뜻한 보리차 한 잔을 들려주시고 한동안 제 손을 꼭 잡아 주셨습니다. 저는 그분이 누구인지 그리고 어떤 행동을 하고 계신지 몰랐습니다. 짐작건대 기도하시는 것 같았습니다. 안내를 도와주던 구두닦이 소년들이 이 모습을 보고는 마음에 무엇을 느꼈는지 홀쩍홀쩍 눈물을 흘렸습니다. 그분은 저한테 "어디서 왔느냐? 언제 실명했느냐? 무엇을 도와줄까?" 아무 말씀도 안 하셨습니다. 하지만 저는 그때처럼 많은 눈물을 흘려 본 적이 없습니다. 저는 하나님 앞에 약속했습니다. "하나님! 이분이 누구인지 모르지만 이분처럼 사랑을 보여 주는 목사가 되기를 원합니다." 그렇습니다. 가르치는 사랑보다 보여 주는 사랑이 더 좋습니다. 예수님은 십자가 위에서 사랑을 보여 주셨습니다.

이달은 장애인의 달입니다. 우리 주변에 보여 주는 사랑의 손길이 있는지 살펴보면 좋을 듯합니다. 장애인들 특히 시각장애인들에게는 가르치는 사랑보다 보여 주는 사랑이 더욱 필요합니다. 여러 분의 사랑을 보여 주십시오.

하늘나라에 이르면 주님이 당신의 선행을 드러내 놓고 보답해 주실 것이다. **바실레아 슐링크**

자랑스러운
나의 어머니

5월은 가정의 달이요, 어버이날이 있는 달입니다. 저는 자랄 때나 장성해서도 바깥에 있다가 집에 돌아왔을 때 집안에 아무리 식구가 많아도 어머니가 안 계시면 집안이 허전하게 느껴졌습니다. 집안에 다른 식구들이 없어도 어머니만 계시면 든든하고 집안이 꽉 차 보였습니다. 정말 어머니의 존재는 크고 위대합니다. 5월 어버이의 날을 생각할 때마다 저는 가슴에 카네이션을 달고 어머니를 그리워하며 나의 어머니를 자랑하고 싶습니다.

어머님께서는 이북에서 무남독녀로 귀하게 자라셨습니다. 그 당시 귀한 딸들은 바깥출입을 안 시켰답니다. 집 안에서만 자라서 세상물정을 모르고 글도 배우지 못했습니다. 아버님과 결혼하여 평양에서 사실 때는 사업가의 부인으로서 가정을 돌보는 데는 큰 문제가 없었습니다. 그런데 아버님이 목사가 되셨고, 8.15 해방 후 월남하셨습니다. 농어촌 어려운 지역을 다니며 많은 교회를 개척하고 섬기셨습니다.

개척 교회는 힘들지 않습니까? 팔 남매를 키우시고 공부를 시켜야 하는 부모님은 고생을 많이 하셨습니다. 모든 것이 부족한 상태여서 저희들은 자라면서 늘 배가 고팠고 수업료를 내지 못하는 등 어려움을 많이 겪었습니다. 그러나 저는 부모님을 원망하지 않았습니다. 멀쩡한 우리 아버지를 목사로 만든 원인 제공자이신 하나님이 정말 밉고 싫었습니다. 저는 주일마다 교회 앞에 이렇게 써 붙였습니다. "하나님은 없느니라. 안요한 복음 1장 1절." 교회에 난리가 났습니다. 성도들은 애꿎은 우리 어머니를 원망하며 말했습니다. "저건 다 사모 탓이야. 우리 교회 사모는 자기가 제대로 공부를 못했으니 누구 탓을 하겠어."

　평소에도 사모는 어려운 위치입니다. 모든 성도들이 주는 스트레스를 다 받아야 됩니다. 사모가 잘 생겼다, 못 생겼다, 키가 작다, 키가 크다, 밥을 많이 먹는다, 적게 먹는다. 저는 어머니가 숨어서 눈물 흘리시는 것을 많이 봤습니다. 부유하게 자란 어머니, 사업가의 아내로서 살다가 개척 교회 가난한 목사의 사모를 하려니 얼마나 힘들었겠습니까? 성도들은 우리 어머니를 무식한 사모라고 불평을 하고 괴롭혔습니다.

　저는 어머니의 뜨거운 눈물을 다시 보게 되었고 더 이상 참을 수가 없었습니다. 저는 어머니의 눈물을 닦아 드리며 어머니와 약속을 했습니다. "어머니, 우리 다시 시작해요." 그날 밤부터 방문을 잠그고 밥상을 펴놓고 공부를 시작했습니다. 저는 열심히 한글을 가르치고 어머니는 열심히 배웠습니다. 어머니께서는 심방 따라다니시랴, 가난한 살림 꾸려 나가시랴, 팔남매 뒷바라지하시랴, 정말 힘들고 어려웠지만 입술을 깨물며 열심히 배웠습니다.

드디어 어머니께서는 성경을 마음대로 읽을 수 있었고 찬송가도 목차를 찾아 부르실 수 있게 되었습니다. 그뿐만이 아닙니다. 미국 선교사가 저희 교회를 방문했을 때는 유창한 영어로 인사까지 잘 하여 주위 사람들을 몹시 놀라게 했습니다. 이제 우리 어머니는 무식한 사모가 아니었습니다. 유식한 '인텔리' 사모가 되었습니다.

자랑스러운 나의 어머니, 저는 그립고 보고 싶습니다. 언제 만날까요. 천성 문에서 인텔리 어머니를 만날 그날을 기대하며 저는 오늘도 행복한 미소를 띠고 사역을 시작합니다. 자랑스러운 나의 어머니, 행복합니다. 감사합니다.

어머니는 하나님이 세상에 보낸 대사이다. 어머니는 최초의 스승이요. 어머니의 무릎은 제일 좋은 유치원이다. **벤하겐 박사**

위대한
섬김

누구든지 크고자 하는 자는 너희를 섬기는 자가 되고
막 10: 43

자신이 허허벌판 어딘가에 던져진 작은 조약돌
처럼 존재감이 없다고 느끼는 사람도 있습니다. 하
지만 섬기기 위해서는 명문 대학을 안 나와도 됩니
다. 셰익스피어를 몰라도 되고, 아리스토텔레스를
몰라도 됩니다. 우리는 각자 다 섬길 수 있는 영향
력을 가지고 삽니다. 어떤 분은 운전으로, 어떤 분은
좋은 음식 솜씨로 섬깁니다. 다른 분은 안내자의 역
할로, 또는 찬양이나 악기 연주로 섬길 수 있습니다.

저는 이것을 실력이라고 이야기합니다. 중요한 것은 영향력을 끼치는 실력이 어디를 향해 가고 있느냐입니다. 어떤 방향성과 목적에 쓰임 받고 있느냐가 중요합니다. 우리는 다 하나님의 은혜 안에서 쓰임을 받는 존재가 될 수 있습니다.

예수님은 이렇게 말씀하십니다. "너희 중에 누구든지 으뜸이 되고자 하는 자는 모든 사람의 종이 되어야 하리라. 인자가 온 것은 섬김을 받으려 함이 아니라 도리어 섬기려 하고 자기 목숨을 많은 사람의 대속물로 주려 함이니라"(막 10:44-45).

우리의 섬김에 대해 생각해 봅니다. 우리는 남에게 드러나지 않는 일을 하면서도 기뻐하고 있습니까? 우리의 섬기는 목적이 사람을 기쁘게 하기보다 주님을 기쁘시게 하는 것입니까? 우리는 기꺼이 섬기는 자가 되었을 때 위대한 섬김을 이룰 수가 있습니다. 이 땅의 모든 이를 다 섬겨도 위대한 섬김은 아닙니다. 자기 만족을 위한 섬김도 열심히 할 수 있고, 잘할 수도 있습니다. 하지만 주님이 기뻐하는 섬김일 때 아름답고 위대한 섬김이 됩니다. 주님의 방법으로 섬길 때 위대한 섬김이라고 할 수 있습니다. 로마서 12장 15절에서 사도 바울은 "즐거워하는 자들과 함께 즐거워하고 우는 자들과 함께 울라"라고 말합니다.

기뻐하며 섬기는 것이 주님의 방법으로 섬기는 것이요 참된 섬김입니다. 충만한 은혜와 사랑으로 빚어진 마음이 뒷받침되어야 위대한 섬김을 이룰 수 있습니다.

사람은 베푸는 만큼 부유하다. 훌륭하게 봉사하는 사람은 훌륭하게 보상받는다. **앨버트 허버드**

문제 해결자이신
하나님

형제들아 우리가 아시아에서 당한 환난을 너희가 모르기를 원하지 아니하노니 힘에 겹도록 심한 고난을 당하여 살 소망까지 끊어지고 우리는 우리 자신이 사형 선고를 받은 줄 알았으니 이는 우리로 자기를 의지하지 말고 오직 죽은 자를 다시 살리시는 하나님만 의지하게 하심이라 그가 이같이 큰 사망에서 우리를 건지셨고 또 건지실 것이며 이후에도 건지시기를 그에게 바라노라 **고후 1:8-10**

요즈음 뭐라고 표현할 수 없는 마음의 분노가 저에게 있습니다. 코로나 바이러스로 변화된 상황을 겪으면서 매주일 아침마다 일어나면 어떤 대상도 없고 특별한 일도 없는데 분노가 생깁니다. 사사건건 마음이 불편해집니다. '영적으로 어려운 시대를 지나고 있구나'라는 생각을 하게 됩니다. 아무도 해결할 수 없습니다. 지금의 문제가 잠깐 있다가 끝나기를 바랍니다만, 언제까지 지속될지 아무도 모릅니다. 감염병 전문의들은 가을부터는 기온이 떨어져 코로나가 더욱 극성을 부릴 수 있다고 예측하기도 합니다. 사람으로서는 뾰족한 해결책이 없습니다. 오직 하나님만이 이 문제를 해결할 수 있습니다. 이 땅의 생명을 침범하는 코로나 바이러스, 영적인 바이러스 그리고 사회적 갈등과 분열 등 갖가지 어려움을 해결할 수 있는 분은 오직 하나님뿐입니다.

바울은 예수를 영접하고 복음을 전파하는 생활을 하면서 엄청난 고난을 겪었습니다. 고린도후서 1장의 그의 고백을 들어 보면, 힘에 겨운 고난을 받고 살 소망까지 끊어지고 자신이 사형선고를 받은 것과 같았다고 말합니다. 이는 자신을 의지하지 말고 오직 죽은 자를 살리신 하나님만을 의지하게 하심이라고 했습니다. 그렇습니다. 하나님만이 해결자가 되어 주실 수 있습니다. 오직 하나님만 신뢰하는 자에게 해답을 주십니다. 바울은 부활하신 예수님을 직접 만났고 죽은 자를 살리신 하나님을 만났기 때문에 그가 어떠한 환난과 고난 속에서도 하나님은 우리를 살리셨고 살리실 것이고 살리시기를 원한다는 믿음의 고백을 할 수 있었고, 그의 사역을 감당했습니다.

오늘 저는 여러분에게 분명히 말씀드립니다. 우리의 생명을 침범한 코로나 바이러스, 영적 바이러스, 사회적인 갈등과 분열, 이 모든 것은 죽은 자를 살리시고, 우리를 건지셨고 건지실 것이고 건지시기를 바라는 우리 하나님만이 해결하실 수 있습니다.

하나님을 경험한 우리가 할 수 있는 것은 하나님을 신뢰하며, 그 하나님이 일하실 수 있도록 기도하는 것입니다. 우리는 기도를 통해 하나님이 일하시는 것을 보게 됩니다. 모든 문제를 놓고 하나님 앞에 엎드려 기도합시다. 과거에도 해결해 주신 하나님이 해결해 주실 것입니다. 하나님께서 해결해 주시길 바라는 마음으로 기도하며 소망하는 가운데, 우리의 삶을 유연하게 살아갈 수 있는 우리 모두가 되기를 주님의 이름으로 축원합니다.

고난에는 삶을 단순하게 하고 우리를 기본으로 되돌리는 것이 있다. **찰스 스윈돌**

자족의
신앙

나에게 이르시기를 내 은혜가 네게 족하도다 이는 내
능력이 약한 데서 온전하여짐이라 하신지라 그러므로
도리어 크게 기뻐함으로 나의 여러 약한 것들에 대하
여 자랑하리니 이는 그리스도의 능력이 내게 머물게
하려 함이라 **고후 12:9**

저는 지금도 이 말씀을 묵상할 때마다 눈물이
나곤 합니다. 제가 37세에 실명하여 가정과 사회로
부터 혼자 되고 하나님을 만난 후에 서울역에서 구
두닦이 아이들의 도움을 받으며 생활하였습니다.
그때 하나님은 그곳을 축복의 통로로 이용하셔서

하나님의 기적으로 신학교에 입학하게 하셨습니다. 구걸 맹인이 신학생으로 신분이 바뀌게 되었습니다. 기숙사 침대에서 잠을 자고 따뜻한 밥을 먹고 샤워도 할 수 있었습니다. 학생의 일은 무엇입니까? 공부하는 겁니다. 그런데 책도 못 읽고 앞이 캄캄하고 혼자 움직일 수 없는데 어떻게 공부를 할 수 있겠습니까? 저 자신이 하나님 없이 얼마나 작은 존재인지를 깨닫게 되었습니다. 그래서 하나님만을 의지할 수밖에 없었던 것이 얼마나 감사한지 모릅니다. 저는 두 가지 진리를 체험했습니다. 주 안에서 약함은 오히려 강함이 될 수 있다는 것과 하나님이 역사하시게 하려면 약함을 감사할 수 있어야 한다는 것입니다.

혹시 여러분은 자신의 강함을 위하여 혼신의 노력을 하고 계십니까? 하나님 앞에 내가 강하게 되기를 원했는데 거기에 대한 응답이 없어서 하나님께 섭섭한 분도 계신지 모르겠습니다. 혹시 내 안에 아직도 강함이 많이 남아 있어서 하나님 말고도 의지할 곳이 있기 때문에 내 삶에 역사하고 계신 하나님을 체험하지 못하고 있는 것은 아닙니까?

　　사도 바울은 선교사로서 복음을 전하고 병자를 치료했지만 정작 불편한 눈으로 엎어지고 넘어지면서 하나님은 좋으신 분이라고 이야기하기가 좀 거북스러우니까 "하나님! 내 눈을 고쳐 주십시오"라고 간절히 기도했습니다. 그런데 하나님은 바울의 눈병을 고쳐 주시지 않았습니다. 여기에 대한 바울의 반응이 고린도후서 12장 9절의 말씀입니다. "나의 여러 약한 것들에 대하여 자랑하리니 이는 그리스도의 능력이 내게 머물게 하려 함이라." 바울이 깨달은 것이 이것입니다. 내가 약해야지 하나님의 능력이 내게 임한다는 사실입니다.

　　우리들의 신앙도 이렇게 바뀌었으면 좋겠습니다. 예수님은 내가 강해야지 행복해질 수 있다거나 예수를 믿으면 내 약함이 다 해결된다고 말씀하시지 않았습니다. 그 약함을 감당할 수 있는 믿음을 주시겠다고 하나님은 약속하십니다. 세상을 바꾸는 '작은 그리스도'로 살기 위해서는 우리의 기도가 바뀌어야 합니다. "나를 강하게 해주세요"라는 기도 대신, "내가 약하여 하나님만 의지하고 살게 하시니 감사합니다. 약함을 감사하며 항상 하나님을 의지하며 기도하며 살 수 있게 해주세요"라는 기도로 바뀌어야 합니다. "약함을 사용하시는 하나님, 나의 약함이 상처가 되는 것이 아니라 내가 약하기에 하나님만을 의지하며 살아가게 해주시옵소서" 하는 기도로 바뀌어야 될 것 같습니다. 이렇게 우리의 기도가 변함으로 삶이 새롭게 변화되도록 우리 다 같이 기도합시다.

어렸을 때 실명한 패니 제인 크로스비는 간증의 찬양을 불렀습니다. "주 안에 기쁨을 누리므로 마음의 풍랑이 잔잔하니 세상과 나는 간 곳 없고 구속한 주만 보이도다." 저도 이렇게 감사 기도를 드립니다. "저를 맹인이 되게 해주시고 버림받게 해주시고 작은 종으로 세우신 하나님 감사합니다. 항상 약함을 감사하며 행복하게 살고 있습니다." 우리는 다 약하지만 약함이 내 상처가 아니라 도리어 하나님 앞에 기쁨이 되는 저와 여러분이 되기를 주님의 이름으로 축원합니다.

자족하는 것은 세상에서 가장 복 받은 일이다(知足是人
生在世最大的幸事). **중국어 명언**

부스러기의
축복

　　하나님의 은혜로 이스라엘 성지순례를 할 기회
가 있었습니다. 20년 이상 이스라엘에서 사역을 하
신 선교사님의 안내를 받아 여러 곳을 방문할 수 있
었는데, 특별히 벳세다 광야를 가보고 싶어 부탁했
습니다. 선교사님이 이렇게 말씀하셨습니다. "제가
20여 년간 많은 분을 안내해 봤지만 벳세다 광야를
찾는 분은 목사님이 처음이십니다. 저도 그 위치를
잘 모릅니다." 제가 다시 부탁했습니다. "선교사님
저는 그곳을 방문해야 할 사람입니다. 중요합니다.
내일 좀 부탁드립니다."

　　이튿날 벳세다 광야를 갔습니다. 늘 듣던 말씀

그대로 그냥 들판입니다. 넓은 들판에 바람만 불고 여기저기 돌들이 굴러다니고 주변에는 주택이나 상점 하나 없었습니다. 정말 넓었습니다. 안내를 받아한 바퀴를 돌아봤는데 넓게 느껴졌습니다. 저는 예수님이 설교하시던 위치쯤의 지점을 찾아 무릎을 꿇고 기도를 드렸습니다. 예수님의 말씀의 향기를 묵상하며 예수님의 깊고 깊은 사랑에 감격하며 많은 눈물을 흘렸습니다. 예수님이 인기가 좋으실 때에 그 광야에 만여 명의 사람이 모였다고 했습니다. 정말 만여 명이 들어찰 정도로 넓은 들판이었습니다.

예수님의 말씀에 은혜가 넘쳐 해가 질 때까지 사람들은 앉아서 은혜를 받았습니다. 늦은 시간이라 배가 고팠습니다. 식사를 해결해야 하는데 식당이 있는 것도 아니고 허허벌판에서 어떠한 대책이 있을 수 없었습니다. 그런데 예수님이 제자들에게 먹을 것을 주라고 말씀하십니다. 안드레가 도시락을 하나 가져왔습니다. 한 이름 없는 소년이 예수님께 드리라며 도시락을 전했습니다. 그것은 보리떡 다섯 개와 물고기 두 마리, 즉 오병이어입니다. 그

소년은 만 명이라는 사람들을 보지 않고 하나님의 아들 예수의 능력을 믿었습니다. '오병이어지만 예수님께서 알아서 하시겠지.' 보리떡은 아주 값싸고 맛도 별로였으며, 작은 생선(마 15:34)인 그 물고기는 아무 곳에서나 잘 잡히고 별로 맛이 좋지 않은 '옵사리온'(opsarion)이라는 생선이었습니다. 그러나 이 오병이어는 소년이 자기 비상식량으로 귀하게 간직하고 있던 도시락입니다. 이 도시락을 예수님께 전해 드린 것입니다. 중심을 보시는 예수님, 소년의 믿음을 보신 예수님께서 이 오병이어를 들고 하늘을 우러러 축사하셨습니다. 그리고 제자들을 불러 50명씩 그룹을 지어 앉게 하고 떡을 떼어 나누어 주라고 했습니다. 떼어도 떼어도 계속 나옵니다. 만여 명이 먹고도 넘쳤습니다.

배불리 먹은 무리는 이제 다 흩어졌습니다. 남은 부스러기는 그냥 두어도 됩니다. 새들이 쪼아 먹을 겁니다. 그런데 예수님은 왜 열두 제자에게 광주리를 하나씩 들고 흩어져서 그 부스러기들을 담아 오라고 하셨을까요? 이 새들을 사탄에 비유해 봅니다. 부스러기가 사탄에게 쪼아먹힐까 봐 예수님이 광주리에 담아 주신 거라고 생각해 봅니다. 저 같은 부스러기를 돌보시는 마음이십니다.

여러분, 하나님 앞에서는 부자나 가난한 사람이나, 높은 사람이나 낮은 사람이나, 많이 배운 사람이나 못 배운 사람이나, 건강한 사람이나 저처럼 버림받은 맹인이나 똑같이 귀한 영혼입니다. 우리를 사랑하신 주님은 우리를 위해서, 나 같은 죄인 하나를 구원하기 위하여 십자가 위에서 보혈을 흘려주셨습니다.

사실 저도 실명 후 세상에서 버림받은 부스러기 같은 인간이 되어 길거리를 헤매었습니다. 하지만 예수님이 저를 광주리에, 예수님 품에 담아 주셨습니다. 하나님께서 저를 찾아주셔서 "너를 떠나지 않고 버리지 않겠다, 어디든지 너와 함께하겠다"는 말씀을 주시고 제 존재 가치와 삶의 의미를 회복시켜 주셨기 때문에 오늘 이 자리에 목회자로 서 있습니다.

저는 40~50년 목회를 하면서 많은 지역과 공

동체를 방문하고, 많은 성직자들을 만났습니다. 그러나 제가 받은 인상은 사람들이 맹인을 좋아하지 않는다는 것입니다. 몸이 백이라면 아흔아홉이 눈인 것 같습니다. 똑같은 장애인이어도 사람들은 맹인을 더 차별하는 느낌을 받습니다. 그저 어떤 동정의 차원에서 대해 줄지는 몰라도 우리의 깊은 마음을 예수님처럼 광주리에 담아 주시는 그런 사랑을 저는 별로 느끼지 못했습니다. 우리 같은 부스러기 인간 하나하나를 광주리에 담아 주시고 구원의 자리로 인도해 주신 우리 주님의 그 사랑, 생각할수록 주님의 은혜에 눈물이 납니다. 그래서 이렇게 고백합니다. "정말 예수님 사랑합니다. 예수님이 없으면 살 수 없습니다. 예수님이 좋은 걸 어떡합니까? 날 위해 십자가 위에서 돌아가신 주님 사랑합니다. 부스러기의 축복 때문에 오늘 이 시간까지 존재할 수 있게 해주신 주님 감사합니다."

이것이 주님의 사랑입니다. 저는 벳세다 광야의 예수님의 모습을 그려 보면서 오늘도 눈물로 감사를 드리며 우리 주님을 찬양합니다.

우리는 우리의 구원이 전적으로 은혜로 주어진 것이며, 하나님의 무한한 은혜를 통해 하나님의 사랑으로부터 발원되는 것임을 반드시 깨달아야 합니다.

마틴 로이드 존스

영성의
기준

　인간은 하나님의 형상대로 지음을 받았기 때문에 본질적으로 영성이 있습니다. 문제는 어떤 것이 성경이 말하는 기독교적 영성인지를 분별하는 것이 쉽지는 않다는 것입니다. 우리 주님께서 가장 깊은 영성을 소유한 분이시라는 것은 분명합니다.

　그러면 어떤 면이 예수님의 깊은 영성의 기준이 될까요? 예수님의 인격과 삶이라고 말할 수 있습니다. 설교를 잘하는 분들이나 병자를 잘 고치는 분, 글을 잘 쓰는 분, 선행을 실천하는 분들 중 일상적인 삶에서는 예수님과 거리가 먼 사람들도 있습니다. 예수를 안 믿는 사람들도 글을 잘 써서 탁월한 문체로 사람들을 움직이게 하는 것이지 영성과는 관련이 없습니다. 말씀을 잘 전해서 감동을 주는 사람들도 정보 전달 능력과는 관련이 있어도 영성과는 관련이 없을 수 있습니다. 그것은 단지 재능이나 은사일 수 있습니다.

기도는 영성과는 어느 정도 관련이 있는 듯싶습니다. 예수님께서도 기도를 많이 하셨습니다. 기도를 많이 하는 분들은 영적인 감각이 트인 분이 많이 계십니다. 기도는 하나님과 교통하는 것이고 또 하나님의 뜻을 살필 수 있는 방편이기 때문입니다.

하지만 영성의 가장 중요한 증거는 성경에 따라 하나님의 말씀에 순종하면서 살아가는 그 삶 자체라고 할 수 있습니다. 하나님께 순종하여 험한 십자가까지 지신 그 예수님의 순종의 모습은 전 우주에서 일어난 모든 순종 가운데 최고봉이라고 할 수 있겠습니다.

사도 바울은 이러한 삶을 살아가는 사람들에게 맺어지는 열매를 갈라디아서 5장 22-23절에 잘 나타내고 있습니다. "오직 성령의 열매는 사랑과 희락

과 화평과 오래 참음과 자비와 양선과 충성과 온유
와 절제니 이 같은 것을 금지할 법이 없느니라."

그러므로 영성의 기준은 무엇입니까? 바로 예
수님의 인격과 삶입니다.

그리스도 알기를 갈망하지 않는다면 그분에 대해 아
직 아무것도 모르는 것입니다. **찰스 스펄전**

하나님과
천국

    하나님의 말씀을 보면, 의심하는 사람과 확신하는 사람의 시작은 같으나 결론에 가서 그 끝은 엄청난 차이가 있습니다. 의심하는 사람은 불신앙을 갖게 되고 불신앙을 갖게 된 사람은 심판을 받습니다. 그러나 확신하는 사람은 강한 믿음을 갖게 되고 강한 믿음을 갖게 되면 구원을 받습니다.

    여러분이 잘 아시는 미국의 세계적인 부흥사 빌리 그레이엄 목사님이 "하나님은 살아 계시고 천국은 있습니다"라고 열심히 전도를 하고 내려오는 길이었습니다. 그런데 교회 일에 열심인 한 교수님이 앞에 오더니 "하나님은 살아 계시고 천국은 정말 있는 것입니까?"라고 질문하는 것이 아니겠어요?
빌리 그레이엄 목사님은 너무 놀랐습니다. 하나님
은 살아 계시고 천국은 있다고 전도하고 다녀야 할
사람이 오히려 그런 질문을 하는 사실에 너무 놀라
고 안타까웠습니다. 그래서 이렇게 물었습니다. "그
러면 하나님도 안 계시고 천국도 없다는 것입니까?"
"목사님, 그런 건 아니구요." "'그건 아니구요'라고
대답하는 것은 하나님이 계시고 천국이 있다는 것
에 확신이 없다는 것입니다. 그러면 당신 말씀대로
정말로 하나님은 안 계시고 천국이 없다는 것입니
까?" "그런 건 아니라니까요." "그런 게 아니라면 하
나님은 살아 계시지 않은 게 아니고 천국이 없다는
것이 아니라면 부정의 부정이니까 긍정이 되는 것
입니다. 그러니까 하나님은 살아 계시고 천국은 있
는 것이지요." 이에 그 교수님은 크게 깨달았다는 이
야기가 있습니다.

지금 이 글을 읽으시는 독자분들 가운데서도
'정말 하나님은 살아 계신가, 정말로 천국이라는 것
이 있는 것일까?'라고 혹시라도 의심하는 분이 계신

지요? 하나님과 천국에 대한 확신이 없는 분이 계시
다면 의심이 확신으로 변화되시기를 예수님의 이름
으로 간절히 기도합니다.

> 당신이 평생 동안 얻을 수 없던 환희가 당신의 의식 너
> 머에 있다. 마침내 그 환희를 발견할 날이 올 것이다.
> **C. S. 루이스**

도키마제테

성경에 보면 인간의 법과 하나님의 법이 따로 있습니다. 인간을 볼 때 사람들은 겉모양을 봅니다. 그러나 하나님은 우리의 중심을 보십니다. 인간은 외면을 보고 판단하지만, 하나님은 내면의 깊은 속을 보시고 판단하십니다. 우리가 사람을 볼 때 어떤 옷을 입었고, 키가 얼마나 크고, 취미가 무엇이고, 어느 학교를 나왔는지를 보고 판단하면 알 수가 없습니다. 만나서 이야기해 보고, 누구를 믿으며, 어떤 신앙생활을 하는지 알아야만 그 사람을 안다고 할 수 있습니다.

데살로니가전서 5장 19-22절은 이렇게 말합니

다. "성령을 소멸하지 말며 예언을 멸시하지 말고 범사에 헤아려 좋은 것을 취하고 악은 어떤 모양이라도 버리라." 우리 예수님이 이 세상에 오실 때에 우리 몸과 영과 혼이 흠 없게 보전되기를 원하시기 때문입니다. 우리를 부르시는 하나님은 미쁘시므로 이를 이루십니다. "범사에 헤아려"에서 '헤아린다'라는 말은 헬라어로 '도키마제테'(dokimavzete)인데 '깊이 측량해 보라, 시험해 보고 검증하라'는 뜻이 있습니다.

아라비아에 내려오는 이야기가 있습니다. 한 사람이 나귀 열여덟 마리를 기르고 있었는데, 돈도 많이 벌었고 죽을 때가 가까워서 자식들에게 나눠 줄 때가 되었습니다. 장남에게는 2분의 1, 차남에게는 3분의 1, 막내에게는 9분의 1을 나눠 주는 게 관습이었습니다. 열여덟 마리 중 한 마리는 새끼도 잘 낳고 너무 귀여워서 이건 내가 끝까지 가지고 있다가 죽을 때가 되어서 누구든 주어야겠다고 생각하고 한 마리를 빼니까 열일곱 마리를 가지고 나눠야 합니다. 계산이 잘 안 맞았습니다. 2 곱하기 9는 18

이니까 한 마리가 모자라고, 2 곱하기 8은 16이니까
한 마리가 남습니다. 복잡해집니다. 한 마리 도로 가
져가라. 한 마리 떼어 놓은 것을 다시 내놓았습니다.
열여덟 마리니까 계산이 됩니다. 2×9=18, 장남에
게 9마리를 주었습니다. 3×6=18, 차남에게 여섯 마
리를 줬습니다. 9×2=18 막내에게 두 마리를 주었
습니다. 그러면 아홉, 여섯, 둘이면 열일곱 마리입니
다. 한 마리가 남습니다. 아깝다고 떼어놓으니까 모
자라지만, 좋은 것까지 다 내놓으니까 남는다는 사
실입니다. 좋은 교훈입니다. 여러분이 계산해 봐도
재미있을 것입니다. 나에게 소중하고 귀한 것을 빼
면 해결이 안 되지만 그것을 내놓으니까 도리어 되
돌려 받는다는 교훈입니다.

　　요즈음은 컴퓨터가 발달해서 계산이 빠르고 게
다가 한국 사람들은 머리가 좋고 똑똑해서 이해타산
에 밝습니다. 친구를 사귀어도 계산하게 되고 교회
를 섬겨도 나한테 얼마나 도움이 되겠나 계산을 합
니다. 하지만 우리가 하나님의 것을 잘못 계산하면
은혜 생활을 할 수가 없습니다. 그래서 중요한 것은

또 하나의
빛

0
9
7

인간의 한계성을 계산하지 말고 하나님의 무한하신 능력을 계산하는 것입니다. 성도들에게 어떤 직책을 맡기면 "아이고, 나는 못해요. 그런 능력이 없어서, 한계를 느껴서 할 수 없어요"라고 반응하는 분들이 있습니다. 무한한 하나님의 능력은 할 수 있기 때문에 우리의 한계를 계산하지 말라는 것입니다.

이스라엘 백성들은 광야에서 계산을 했습니다. "우리가 노예생활을 한 것도 모자라 이렇게 광야에서 주리며 힘들게, 평생 이렇게만 살아야만 합니까?"라고 원망하고 불평을 했습니다. 하나님은 시편을 통해서 이렇게 말씀해 주셨습니다. "그의 노염은 잠간이요 그의 은총은 평생이로다."

1892년도에 무디 목사가 선교를 떠났습니다. 닷새 동안은 배가 잘 항해를 했는데 엿새 되는 날 큰 풍랑과 파도가 일어나서 배가 이리저리 요동을 쳤습니다. 이때 선장이 무디 목사님에게 다가가서 "지금 여섯 시간 동안 배가 흔들리고 있어요"라고 말했습니다. 그러자 무디 목사님이 말했습니다. "지금까지 닷새 동안은 어땠습니까?" "아, 지금까지 5일 동안은 날씨가 좋고 잔잔했지요. 그러나 지금은 이렇게 흔들리고 있잖아요." 그때 무디 목사님이 "선장님, 5일 동안이나 좋은 날씨를 주셨는데, 지금 잠깐 요동을 하는 것 가지고 이렇게 원망을 합니까?" 하고 말했습니다. 믿는 사람들이 함께 모여 기도드리자 파도는 잔잔해지고 무사히 선교지에 도착했습니다.

은혜 안에 살지 않는 사람은 어떻게 될까요? 원망과 불평을 하고, 성령을 소멸하고, 말씀을 순종하지 않고, 선한 것 대신 악한 것을 취하고, 과거의 불행한 일만 계산하는 사람이 될 수밖에 없습니다. 그러나 하나님의 사랑과 자비를 바라보고 그 은혜를 측량해 보십시오(도키마제테). 그럴 때 하나님의 능력 안에서 모든 문제가 해결될 수 있습니다.

미얀마 아웅산 사태 때 순직했던 외무장관이 계셨습니다. 기자들이 그 집에 조문을 가서 당시 스물다섯 살이던 따님에게 위로의 말을 했습니다. "아이고, 얼마나 힘이 드세요?" 그러자 그 따님이 "저는 감사합니다"라고 대답하더랍니다. "감사하다니요?" 기자들이 놀라서 물었더니 그 따님은 "25년이나 홀

룽한 아빠한테서 자란 것이 얼마나 감사한지 모릅니다"라고 대답했답니다.

저도 가끔 그런 질문을 받습니다. "목사님, 눈으로 보시다 못 보시니까 얼마나 불편하고 힘드세요?" 저는 이렇게 대답하곤 합니다. "아휴, 감사하죠. 37년 동안이나 이 좋은 세상을 보고 살게 해주셨는데, 볼 때도 있으면 못 볼 때도 있지 않겠어요? 저는 욥에게서 배웠습니다. 눈으로 볼 때도 있었으니 못 볼 때도 있지 않겠습니까? 나는 하나님을 찬양합니다." 우리는 받은 바 은혜를 측량하면서 얼마든지 감사할 수 있습니다.

찬송가 〈받은 복을 세어 보아라〉를 부르며 잃었던 감사를 회복하는 시간이 되시기를 바랍니다.

모든 일에 감사하기를 배우라. 그래서 감춰진 축복이 당신 삶 안으로 흘러들게 하라. **바실레아 슐링크**

보리밭
선생님

　제가 37세에 원인 불명의 안질로 실명한 이후
에 참 희한하게도 2~3개월이 지나니까 다시 시력이
회복되었습니다. 그전처럼 100퍼센트는 아니지만,
90퍼센트 정도 회복되어서 책도 글도 볼 수 있어서
사회생활을 다시 했습니다. 정상적으로 회복되는가
하여 직장생활을 하고 있었는데 갑자기 예전처럼
다시 앞이 안 보이는 겁니다. 이런 과정이 몇 번 되
풀이되었습니다. 2~3개월이 지나면 또 보이다가 또
안 보이고 그러니 하루하루가 불안하여 온전한 직
장생활을 할 수가 없었습니다.

　제 상황을 아는 친구들과 대화를 나누던 중에

"그렇다면 학교생활은 방학이 있으니까 좋지 않겠느냐"라는 의견이 나왔습니다. 곧 여학교의 프랑스어 교사 자리가 나와서 교사생활을 하게 되었습니다. 그러나 또 언제 못 보게 될지 모르니까 불안했습니다. 저는 만약을 위해서 프랑스어 교과서를 모두 외워 두었습니다. 그러던 어느 날 제자들과 야외에 나갈 기회가 있어 넓은 보리밭 들판을 걸어가게 되었습니다. 저는 그때부터 보리밭이라는 노래를 알게 되어 혼자 부르기도 하고 제자들과 함께 부르기도 했습니다. 제가 워낙 이 노래를 좋아해서 제 별명이 보리밭 선생님이 되었습니다.

그런데 또 3개월이 지나니까 앞이 안 보이는 징조가 나타났습니다. 수업 시간이 되면 언제 갑자기 못 볼지 모르니까 마음이 불안하고 초조할 때 마음을 달래기 위해 이 보리밭 노래를 합창하곤 했습니다. 그런데 제 눈이 예전처럼 또 안 보이기 시작했습니다. 이젠 정말 끝났구나, 몹시 불안한 상태에서 수업을 시작했는데, 한 학생이 제일 무서워하는 요청을 했습니다. "밑에서 셋째 줄을 다시 한 번 읽어 주세요." 저는 셋째 줄을 찾아 읽을 수 없었습니다. 벼락에 맞은 기분이었습니다. 정말로 심장이 멈추는 듯 답답했습니다. 너무 불안하고 좌절감이 들었습니다. 아이들은 빨리 읽어 달라고 재촉했고 저는 쥐구멍이라도 있으면 들어가고 싶었습니다. 결국 제가 제자들에게 고백을 했습니다. "그래, 너희들이 내가 앞을 못 보는 걸 알고 있는 것 같은데…… 맞아. 나는 앞을 볼 수가 없어. 오늘이 마지막 수업이 될 것 같구나."

학생들은 난리가 났습니다. "보리밭 선생님, 마지막이라뇨. 가지 마세요. 선생님 존경해요. 괜찮아요. 앞을 못 보면 어때요. 저희들을 많이 가르쳐 주셨잖아요." 제자들의 격려에 꾹 참았던 눈물을 쏟아내고 말았습니다. "선생님! 오늘 수업은 못할 것 같아요. 우리 보리밭 노래 함께해요. 선생님도 같이 불러 주세요"라고 제자들이 말했습니다. "그래. 오늘이 마지막 수업이 될 것 같다"라고 말한 후, 제가 마지막으로 부른 노래가 보리밭이었습니다.

몇 년 전에도 제자들이 찾아왔습니다. 제 방 앞

에서 "보리밭 선생님" 하고 제 앞에서 그 노래를 불러 주고 간 적이 있습니다. 언제 만나도 사랑스럽고 미안한 마음이 드는 제자들입니다. 저는 지금도 보리밭이 좋습니다. 1년에 한 번 세종문화회관에서 새빛낮은예술단이 정기발표회를 할 때마다 우리 핸드벨 팀이 연주를 해주고 있고 영화감독이 직접 나오셔서 색소폰으로 보리밭을 연주해 주곤 합니다.

매년 정기발표회가 기다려집니다. 제 마음에 위로와 감격을 주는 노래, 보리밭. 어디서나 이 노래가 들려오거나 또 부르고 싶을 때는 혼자라도 부르며 "보리밭 선생님" 하는 제자들의 모습을 떠올립니다. 그리고 기회가 생길 때마다 사람들에게 보리밭에 얽힌 사연을 나누고 싶어 합니다. 그래서 교회 집회나 사회단체 강연 때 기회가 되면 이 보리밭 노래를 부르곤 한답니다. '보리밭'은 영원한 친구요 제 반려자라고 말할 수 있습니다.

음악은 세계 공통어이다. **존 윌스**

영적 싸움에서
이기려면

우리가 싸우는 인생의 싸움은 일반 싸움이 아닙니다. 영적인 싸움입니다. "우리의 씨름은 혈과 육을 상대하는 것이 아니요 통치자들과 권세들과 이 어둠의 세상 주관자들과 하늘에 있는 악의 영들을 상대함이라"(엡 6:12).

지금 여러분이 싸우고 있는 싸움을 영적인 싸움이라고 생각해 보신 적이 있으십니까? '영적 싸움'이라고 말하면 이런 생각을 하는 사람이 있는 것 같습니다. 수도가 고장 나면 배관공을 불러야 하는데 수도꼭지를 붙잡고 기도하는 사람이 있습니다. 그런 것을 영적인 싸움이라고 할 수 있을까요? 지금

'영적 싸움'을 말하는 사도 바울은 대학자였습니다. 그러나 바울은 삶의 순간순간이 영적인 싸움이라는 것을 인식하며 살았습니다.

여러분의 삶의 문제가 외적인 것으로 드러난 것을 보면 영적인 싸움과 아무런 상관이 없는 것처럼 보일지 모르지만 삶의 깊은 뿌리에 영적인 싸움의 원인이 있음을 알아야 합니다. 그래야만 하나님이 주시는 무기로 싸울 수 있습니다. 저는 가끔 어려운 분들과 만나 상담을 합니다. 말씀을 다 듣고 나서 저는 "하나님께 기도하십시다"라고 제안합니다. 그러면 그때 이런 인상을 받습니다. '목사들은 뾰족한 수가 없으면 기도하자고 한다.' 여러분에게 닥친 많은 문제는 기도 외에는 풀 수가 없는 일들인데, 세상의 방법으로 풀려고 하기 때문에 풀리지가 않습니다. 기도 외에 다른 것으로는 이런 종류가 나갈 수 없다고 분명히 말씀하고 계십니다(막 9:29). 여러분은 인간적으로 내가 할 수 있는 것은 다 해봤지만 진전이 없다고 생각해 본 적이 있으십니까? 그렇다면, 영적인 무기를 사용할 시기라고 생각합니다. 어쩌면 지금이 영적인 무기를 사용할 가장 적합한 시기라고 믿습니다.

다른 것 다 해보고 더 이상 해볼 것 없는 그 시기가 어쩌면 가장 적합한 시기인지 모르겠습니다. 내가 약하기 때문에 아무것도 할 수 없다고 포기하지 마십시오. 약하기 때문에 하나님이 우리를 사용하시는 것입니다. 내 속에 깨어진 부분이 많이 있을 때 내 속에 계신 능력의 예수님이 세상을 바꿀 수가 있는 것입니다. 하나님이 허락하신 영적인 무기는 에베소서 1장 17절, 마가복음 9장 29절에서 가르치신 대로 '말씀'과 '기도'입니다.

우리 주 예수 그리스도의 하나님, 영광의 아버지께서 지혜와 계시의 영을 너희에게 주사 하나님을 알게 하시고 **엡 1:17**

이르시되 기도 외에 다른 것으로는 이런 종류가 나갈 수 없느니라 하시니라 **막 9:29**

사도 바울은 이 진리를 깨달았습니다. 우리는 이 보물을 질그릇에 간직하고 있습니다. 이 엄청난 능력은 하나님에게서 나는 것이지 우리에게서 나는 것이 아닙니다.

> 사방으로 우겨쌈을 당하여도 싸이지 아니하며 답답한 일을 당하여도 낙심하지 아니하며 박해를 받아도 버린바 되지 아니하고 거꾸러뜨림을 당하여도 망하지 아니하고 **고후 4:8-9**

이것은 "예수 생명이 또한 우리 몸에 나타나게 하려 함"입니다. 우리는 언제나 이 엄청난 보물을 깨어지기 쉬운 질그릇에 담고 삽니다. 감사한 것은 하나님이 깨어짐을 사용하신다는 것입니다. 하나님은 언제나 약한 사람들, 배우지 못한 사람들, 없는 사람들을 들어서 강한 사람들, 배운 사람들, 많이 가진 사람들을 부끄럽게 하신다고 하셨습니다. 멸시받던 십자가가 화려하고 강한 로마를 이겼습니다. 이 시대는 그리스도를 닮은 가치를 아는 사람을 필요로

합니다. 그리스도를 닮은 한 사람 한 사람을 통해서
하나님은 세상을 바꿔 나가십니다. 영적 싸움에서
승리자로 이끄십니다.

쉬운 승리는 값싼 것이다. 값비싼 승리는 고전(苦戰)의
결과로 오는 것이다. **헨리 워드 비처**

공허하지
않으려면

에스겔 선지자는 예언을 많이 하셨습니다. 특별히 포로생활을 하면서 큰 어려움을 당할 때 이스라엘 백성은 절망감에 사로잡혀 그발 강가에 모여서 기도를 합니다. "우리를 불쌍히 여기시옵소서. 우리는 할 수 없사오나 전능하신 하나님은 하실 수 있사오니 우리의 고난을 풀어 주시고 공허한 마음을 채워 주시옵소서." 이렇게 기도할 때에 에스겔에게 하늘에서 음성이 들려왔습니다.

"에스겔아 이 두루마리가 보이느냐? 입을 크게 벌려라." 에스겔이 그 두루마리를 입에 넣으니 꿀맛같이 달다고 했습니다(겔 3:1-3). 에스겔이 환상을 보았는데 큰 네 생물이 나타났습니다. 네 생물의 얼굴 모양이 앞은 사람, 오른쪽은 사자, 왼쪽은 소, 뒤는 독수리 모양을 하고 있었습니다.

신약시대에 와서 두루마리는 예수님, 사복음서를 의미하는 것입니다. 마태복음을 인자 복음, 마가복음을 사자 복음, 누가복음을 황소 복음, 요한복음을 독수리 복음이라고 합니다. 마가는 예수님을 사자 같은 왕으로 표현했습니다. 누가는 예수님을 섬기는 황소 같은 모습으로, 마태는 참사람의 모습으로, 요한은 독수리와 같이 구름 타고 올라가는 주님을 전했습니다. 그래서 그 두루마리는 예수님을 나타내고 사복음서는 예수님의 말씀을 의미합니다.

사람들의 공허함을 메꿀 수 있는 것은 오직 하나님의 말씀뿐입니다. 이 세상을 살아가는 모든 사람들의 마음에는 무언가 채워져야 하는 공허함이 있습니다. 파스칼은 모든 사람에게는 하나님이 만드신 공백이 있는데 이 공백은 어떠한 피조물로도 메꿀 수 없고 오직 하나님으로만 채울 수 있다고 했습니다.

얼마 전까지 멜 깁슨이라는 감독이 만든 〈패션 오브 크라이스트〉(Passion of Christ)라는 영화가 많은 사람에게 감동과 눈물을 자아냈습니다. 멜 깁슨은 어떤 사람인가요? 그는 공허한 사람이었습니다. 돈을 많이 벌었고 세상에 좋다는 것도 다 해봤고 여자와 술과 도박과 쾌락을 즐겼지만 마음은 여전히 허전하고 공허했습니다. 인생의 허무감이 해결되지 않아 높은 빌딩에 올라가 자살을 시도하기도 했습니다. 그런데 어떻게 이런 훌륭한 영화를 만들었을까요? 그는 '어떻게 죽을까' 생각하며 방황하다가 잠이 들었습니다. 꿈을 꾸는데 커다란 바위가 가슴을 눌러 정말 죽을 지경이었습니다. 그런데 저 멀리서 예수님이 십자가를 지고 피를 흘리면서 자기 쪽을 향해 걸어오고 계셨습니다. 그래서 "예수님, 날 좀 도와주세요. 너무 답답하고 힘들어요. 이 바윗덩어리 때문에 나 못살겠어요"라고 부르짖었습니다. 그때 예수님이 말씀하셨습니다. "그 바윗덩어리를 내 십자가 위에 올려놓아라." "예수님도 힘드신데 어떻게 이 바윗덩어리까지 올려놓으라고 하십니까?"

"아니다. 나는 오히려 마음이 기쁘고 평안해. 빨리 내 십자가에 올려놓아라." 그래서 십자가 위에 그 바윗덩어리를 올려놓고 보니까, 예수님이 오히려 감사하다고 기뻐하시면서 걸어가시는 모습을 보고 놀라서 잠이 깼습니다. 깨어나니 공허감과 허전함은 사라지고 자기가 평생 느껴보지 못했던 기쁨과 평안이 찾아왔습니다. 멜 깁슨은 온몸을 감싸는 만족감을 처음 느끼게 되었습니다.

그 후 멜 깁슨은 '그리스도의 수난'(Passion of Christ)을 영화로 만들어야겠다고 결심하였습니다. 그 영화 제작을 준비할 때 종교다원론자들이 반대하고 특히 유대인들이 협박했습니다. 많은 어려움이 있었지만 그는 자신의 경험에 힘입어 영화를 만들었습니다. 이 영화는 많은 신앙인에게 감동과 은혜를 주었고 불신자들에게도 감동을 전해 주었습니다.

현대를 살아가는 모든 사람들에게는 다 허전함과 공허함이 있습니다. 파스칼의 이야기처럼 이 세상 어떠한 즐거움이나 쾌락도 그 공허를 메꿀 수 없습니다. 오직 살아 계신 주님의 말씀, 십자가의 은혜만이 그 공허함을 채울 수 있습니다. 예수님 말씀 안에서 은혜를 받고 공허감을 해결하고 참 만족과 행복을 느끼며 사시는 여러분이 되시기를 주님의 이름으로 축원합니다.

오직 성경만이 우리에게 하나님의 경륜을 알려주듯이, 오직 성경만이 우리에게 만물의 기원을 보여 주며, 하나님의 창조적인 전능하심을 말씀해 준다.

헤르만 바빙크

**새빛은 작지만 강하고
선교하는 교회입니다**

우리 예수님께서 십자가를 지시기 전에 먼저 채
찍을 맞으셨습니다. 이마에는 이미 가시관을 씌워서
피가 흘러내리는데 채찍까지 맞으셨습니다. 당시에
십자가형을 받는 사람들은 서른아홉 대의 채찍을 맞
았다고 합니다. 사나운 군인을 불러서 가죽에 날카
로운 금속과 뼛조각을 끼운 채찍으로 칩니다. 한 번
치면 살점이 뜯겨져 나가고 피가 쏟아집니다. 우리
같으면 한 대만 맞아도 쓰러질 것 같습니다. 가시관
에서 흐르는 피, 등과 앞가슴에 채찍을 맞아 온몸이
피투성이로 물들었습니다. 그리고 그 찢어진 어깨
와 등에 150파운드나 되는 무거운 십자가를 직접 지

고 골고다로 올라가셨습니다. 이 고난의 길을 '비아
돌로로사'(Via Dolorosa, 고난의 길)라고 하는데 십자가를
세우는 현장까지 열네 개의 초소가 있다고 합니다.
예수님이 예루살렘에 입성하실 때 호산나를 외치던
수많은 군중은 이제 폭도처럼 변했습니다. 그들은
십자가를 지고 올라가시는 예수의 모습을 보고 길
좌우편에 서서 저주하고 조롱합니다. 이렇게 간사
하고 변덕스러운 것이 인간의 모습입니다.

　예수님이 온몸에 피투성이가 되어 무거운 십자
가를 지고 언덕길을 한 발 한 발 올라서는데 야유하
는 군중들 속에서 한 여인이 사나운 로마병정들을
뚫고 앞으로 나아가 앞이 안 보일 정도로 얼룩진 예
수님의 얼굴의 피를 닦아드렸습니다. 성경에는 그
이름이 나타나 있지 않습니다만, 베로니카라는 여
인이었습니다. 그래서 성녀 베로니카라고 전해집니
다. 이렇게 약하지만 강한 여인들이 또 있습니다. 남
자들은 무서워서 방문을 잠그고 벌벌 떨며 숨어 있
을 때에 예수님의 무덤을 찾아간 여인들입니다.

　저는 새빛맹인가족들에게 이런 설교를 합니

다. "새빛맹인교회는 약하지만 강하게 선교하는 교회가 되자." 오지에서 선교하는 선교사님이 선교회관에 머물 기회가 있었습니다. 몸은 추위에 얼어붙고 온몸은 상처투성이고 몹시 힘들었습니다. "저 선교사님을 어떻게 도와드릴까?" 하고 새빛 식구들은 의논을 했습니다. 우리 식구는 침술, 마사지 등 우리가 할 수 있는 최선의 방법으로 선교사님을 치료해 드렸습니다. 선교사님은 건강을 회복하셨고 오지에 다시 가셔서 선교하고 계십니다.

그렇습니다. 하나님은 최상보다 최선을 사용하시는 것 같습니다. 그래서 지금도 우리 식구들은 이야기합니다. "새빛맹인교회는 약한 교회가 아닙니다. 강한 교회입니다. 선교하는 교회입니다." 어떤 선교사님들은 선교지에서 실명하게 되면 한국으로 귀국하시지만, 우리는 오히려 맹인 목사를 네팔에 선교사로 파송했습니다. 우리 맹인 성도 한 분도 네팔에 계신 맹인들에게 마사지를 가르치기 위해서 봉사를 하러 갔습니다. 그런데 큰 지진이 있었습니다. 모든 사회단체의 봉사단들은 본국의 지시에 따라 한국으로 돌아왔습니다. 제가 그 형제에게 전화를 했습니다. "형제님 무섭지 않으세요? 돌아오셔야지요?" 그랬더니 그 형제가 그렇게 이야기합니다. "목사님 기도해 주세요, 저는 못 돌아갑니다. 사명이 있으니까요." 저는 눈물이 쏟아졌습니다. 그렇습니다. 우리에게는 사명이 있습니다. 우리는 약한 교회가 아닙니다. 어떻게 우리 맹인 교회에서 동남아 7개국에 선교센터를 세울 수 있었고 선교사님을 파송할 수 있었을까요? 약한 자를 강하게 쓰시는 하나님께서 하신 일입니다. 성녀 베로니카처럼, 부활절 새벽에 무덤을 찾아갔던 여인들처럼 우리는 그들의 믿음을 본받아 강해지려고 노력하고 있습니다.

저는 다양한 교회의 성도님들과 만날 기회가 종종 있습니다. "어느 교회를 섬기고 계세요?"라고 물으면 잘 알려진 대형교회를 섬기는 성도님들은 자신 있게 대답합니다. "예, 어느 교회를 나가고 있습니다"라고 담대하게 크게 이야기합니다. 그러나 어떤 성도님들은 손을 꼬면서 조그맣게 이야기를 합니다. "저는…… 동네의 조그만한 교회를 섬기고 있어요." 마치 죄인처럼 이야기합니다. 그럼 저는 "좋은 교회를 섬기고 계시네요"라고 말합니다. 개척 교회, 조그만 교회를 섬기는 것이 뭐가 부끄럽습니까? 베로니카처럼, 우리 맹인들처럼 약함 속에 강함이 있습니다.

하나님의 역사를 보려면 약함을 감사할 줄 알아야 합니다. 주님 보시기에 아름답고 강한 성도가 되시기 바랍니다. 성 베로니카처럼, 이름도 없이 빛도 없이 예수님을 사랑하고 섬기는 멋진 성도들이 되시기를 주님의 이름으로 부탁드립니다. 우리 새빛맹인교회는 작지만 강하고 선교하는 교회로서 어려울 때마다 베로니카의 믿음을 본받아 예수님을 누구보다 더 사랑하고 섬기는 교회가 되기 원합니다.

복음은 벌거벗은 원수들에게 옷을 입혀, 그들을 혼인 잔치에 초청하고, 그들과 결혼하는 하나님의 이야기다.

에드워드 T. 웰치

위대한 하나님의
계획

부친께서 지방 교회에 목회하실 때에 군 선교를 열심히 해서 군인 한 분을 전도를 했습니다. 그런데 그분이 막사 공사를 하다가 나무 그루터기에 다리를 다쳐서 병원에 입원하게 되었습니다. 그래서 부친께서 심방을 갔더니 "목사님! 예수를 믿으면 다치지도 않고 건강하고 오래 보살펴 주고 도와준다고 하더니 세상에 이렇게 다리를 다쳐서 입원하게 할 수가 있어요? 천사는 졸고 계시고 하나님은 방학하셨나요?" 퉁명스럽게 이야기를 하더랍니다. "예, 형제님. 하나님의 큰 뜻이 있으시겠죠." "이게 무슨 뜻이겠냐구요." 부친께서는 그 군인을 위해 위로 기도를 드리셨습니다.

얼마 후 그 군인이 결혼한다는 소문이 들렸습니다. 간호장교가 와서 물리치료를 해주고 주사 놔주고 하다가 서로 마음이 맞아 사귀게 된 것입니다. 두 사람은 결혼식을 하고 부부가 되어서 다시 교회를 찾아왔습니다.

"이게 하나님의 뜻이라고요?"라고 말하던 사람이 "정말 하나님은 이런 계획도 가지고 계셨군요. 제가 막사 공사를 안 해서 다치지 않았다면 병원에 입원하지 않았고, 병원에 입원하지 않았다면 간호장교를 통해서 치료를 받지 못했고, 치료를 받지 못했다면 좋은 관계가 되지 않고, 좋은 관계가 되지 않았다면 결혼을 할 수 없었을 텐데. 정말 배려의 하나님이 목사님이 말씀하신 대로 큰 뜻을 가지고 계셨군요" 하더랍니다. 하나님은 매사에 뜻을 갖고 계셨고 매사에 불꽃같은 눈으로 그를 바라보고 계셨습니다. 하나님은 그를 향한 계획이 따로 있으셨습니다. 모든 것이 하나님의 계획이었습니다.

우리가 흘러가는 물처럼 세월을 보내서 그렇

지, 모든 일에는 하나님의 계획이 있습니다. 우리는 살면서 기쁜 일, 슬픈 일, 좋은 일, 궂은일을 겪습니다. 알고 보면 저절로 우연히 된 일은 없습니다. 하나님은 우리 각자를 향한 계획을 가지고 계십니다.

성경에 보면, 강대국이었던 아람이 조그만 이스라엘 여자아이 하나를 잡아왔습니다. 아이가 괜찮은 것 같아서 어느 집에 보낼까 하다가 아람의 군대장관 나아만 장군 집에 보냈습니다. 용사요, 국방부 장관이요, 왕의 신임을 받은 사람이지만 한 가지 약점이 있었는데, 몸에 나병이 있었습니다. 그 당시에는 고치지 못하는 불치병이니 죽은 거나 마찬가지입니다. 왕을 비롯한 온 국민이 큰 근심에 잠겨 있었습니다.

어느 날 그 집에서 시중들던 소녀가 "이스라엘의 선지자 앞에 가서 기도를 받으면 그 병이 나을 수 있습니다"라고 이야기를 해주었습니다. 죽을 날만 기다리는데 나을 수 있다는 이야기를 들으니 너무 놀라고 기뻐서 왕한테 이야기하여 왕의 편지를 가지고 이스라엘 왕한테 갔습니다. "내 신하를 보내니

내 신하의 병을 고쳐주십시오" 하고 금은보화 선물을 많이 보냈습니다. 이스라엘 왕이 그 편지를 보고 옷을 찢고 통곡을 했습니다. "내가 하나님인 줄 아느냐. 내가 어떻게 죽을 자를 살릴 수 있느냐. 이는 꼬투리를 잡아서 우리를 침략하려고 하는 의도인데 이를 어찌할꼬?" 왕은 옷을 찢고 통곡을 하는데 엘리사 선지자가 "저한테 보내십시오" 해서 나아만 장군을 엘리사에게 보냈습니다.

나아만은 이스라엘에 있는 선지자 엘리사를 찾아갔습니다. 나아만은 이웃 나라 국방부 장관인 자신이 치료를 받으러 왔으므로 당연히 엘리사가 마중 나올 것으로 기대했습니다. "어서 오십시오"라고 환대를 받을 줄 알았는데 엘리사가 사환만 내보내더니 "요단강에 가서 일곱 번 몸을 씻으라"는 말만 합니다. 자존심이 크게 상했습니다. 불평을 하고 화를 내며 돌아가려고 했습니다. "내 나라의 아람과 바라바는 얼마나 깨끗하고 좋은 물이 있는데 흙탕물 같은 요단강에서 목욕을 하라고!" 노발대발하며 자기를 무시하는 처사라고 생각했습니다. 그때 주위 사람들이 "주인님, 뭐 그냥 참으시고 하라는 대로 해 보시죠. 여기까지 오셨는데." 나아만은 마음을 바꾸어 그 제안을 받아들였습니다. "그래, 좋다." 나아만이 일곱 번을 목욕하자 어린아이 살처럼 깨끗하게 회복이 되었습니다. 그는 "내가 이제 이스라엘 외에는 온 천하에 신이 없는 줄을 아나이다"라고 말했습니다. 그가 아람으로 돌아가서 뭐라고 했을까요. "내가 믿던 신은 모두 가짜 신이요. 이 소녀가 말한 하나님만이 진짜 신인 것을 내가 알았노라"라고 말했을 겁니다.

이 소녀는 전에 아람으로 잡혀갔습니다. 불행했습니다. 소녀의 앞날은 막막했습니다. 그러나 하나님은 그 소녀에게도 계획을 가지고 계셨습니다. 나아만에게 전도를 할 수 있었습니다. 그 결과 한 나라의 국방장관을 비롯해서 왕이 하나님을 믿게 되고 왕이 하나님을 믿게 되니 온 백성이 하나님을 믿게 되었습니다. 이 작은 소녀도 한 가족을 믿게 하고 한 나라를 구원하고 영혼을 구원하고 하나님을 소개하고 전도하는 사명이 있었다는 것입니다.

하나님의 계획이 여러분에게는 없겠습니까? 이스라엘 왕은 하나님의 계획을 몰랐습니다. 그러나 이 소녀는 하나님의 계획을 알았습니다. 똑똑하고 많이 배우고 잘났다고 해서 하나님의 계획이 있는 것은 아닙니다. 믿음 안에 있는 사람, 성령 안에 있는 사람, 하나님의 뜻을 헤아리는 사람만이 하나님의 계획을 알 수가 있습니다.

베드로는 예수님이 십자가를 지실 때 하나님의 계획을 몰랐기 때문에 십자가를 지지 마시라고 만류했습니다. 그때 예수님께서 베드로를 향해서 "너는 하나님의 일을 생각하지 못하고 사람의 일을 생각하느냐? 사탄아 내 뒤로 물러가라"라고 하셨습니다. 나를 향한 하나님의 계획이 무엇인지 여러분의 삶의 현장에서 묵상해 보시기를 예수님의 이름으로 부탁드립니다.

하나님의 섭리의 과정은 명확한 판단의 안목을 갖고 있지 못한 인간적인 눈으로 보면, 그렇게 분명하게 식별되지는 않는다. **토마스 풀러**

또 하나의
빛

이것까지도
감사하라

소록도에 있는 교회를 방문한 적이 있습니다. 그곳에 계신 나환자들은 건강과 명예 그리고 재산을 잃어버렸습니다. 가족을 잃어버렸습니다. 손도 잃어버렸습니다. 다 잃어버렸습니다.

그런데 그 교회는 믿음을 잃어버리지 않았습니다. 예수님을 잃어버리지 않았습니다. 박수를 치며 예배를 드리는데 뼈가 닿는 소리가 들려요. 그런데 그 교회에서 헌금을 해서 건강한 사람이 모이는 교회를 돕고 있습니다. 개척 교회 헌금 보내고 있고, 건강한 자녀들을 공부시키는 장학금을 보내고 있습니다. 그것은 잃은 것은 많아도 잃지 않은 것에 대해 하나님께 감사하는 겁니다. 교회 입구에 이렇게 쓰여 있었습니다. "잃은 것으로 원망하지 말고, 남은 것으로 감사하라."

여러분, 우리도 잃어버린 것을 보고 원망하지 말고 남은 것을 가지고 감사하시기 바랍니다. 남은 것을 가지고 감사할 수 있다면, 일생 동안 하나님께 감사와 찬양을 드릴 수 있습니다.

버마(미얀마)에 계시던 선교사님은 도둑이 들어와서 모든 것을 다 털렸습니다. 그런데 그 얼굴이 환하여 감사의 얼굴로 다닙니다. "모든 것을 도둑맞고 무엇이 좋으시기에 기쁜 얼굴로 다니십니까?" 사람들이 그 까닭을 묻자 이렇게 대답했습니다. "네, 주는 자가 받는 자보다 복이 있다고 하는데, 안 주었더니 하나님이 가져가시데요. 그래서 제가 감사합니다. 그리고 나에게도 도둑이 가져갈 물건이 있었다는 것이 그 또한 얼마나 감사합니까? 또 물건만 가져갔지 내 생명은 가져가지 않은 것이 얼마나 감사합니까?"

성도들이 일이 잘 안 되었을 때, 잃어버린 것이

많을 때 고난 중에 하나님께 감사하십시오. 그러면 안 믿는 사람들이 보고 '과연 예수 믿는 사람들은 다르구나'라고 생각합니다. 전도의 기회까지 생길 줄로 믿습니다.

존 뉴턴이란 분은 화재가 나서 모든 것을 잃었습니다. 그런데 그는 감사하다며 감사 예배를 드렸습니다. 그 옆에 계신 분이 물었어요. "아니, 모든 것이 다 불타 잃어버렸는데 뭐가 그리 감사합니까?" "네, 제 이 땅의 집은 다 타버렸지만, 타지 않은 재산이 제게 남아 있습니다. 영원히 타지 않는 재산과 집이 있습니다. 그것은 바로 천국입니다. 세상의 것은 다 타도 내가 갈 집이 있습니다. 내가 가진 모든 재산을 정돈해서 금을 사서 땅에 묻어 놓았다고 합시다. 불이 나서 모두 타버리면, '큰일 났다', '굶어죽겠다'라고 울겠습니까? 아닙니다. '다 타도 좋습니다. 내 땅에는 파묻어 놓은 금이 있습니다'라고 말하지 않겠습니까?"

영원한 축복권을 가지신 예수님을 우리가 모셨고 불타지 않는 영원한 천국의 집을 소유하고 있는데 이 세상의 것이 없어졌다고 결코 원망하지 말기를 바랍니다. 왜냐하면 모든 축복과 은혜는 하나님으로부터 오기 때문입니다. 그러므로 고난 중에도 감사할 수 있습니다. 소망을 하나님께 두고 사는 사람들은 원망이나 불평을 하지 않습니다. 우리는 감사의 영으로 만족하게 될 줄로 믿습니다.

청교도였던 토마스 왓슨은 이렇게 이야기했습니다. "하나님께서 자기 양을 지키실 때에 결코 익사시키지 않을 것이요, 또 털을 깎을 때에 죽이지 않으실 것이다." 양이 하도 더럽게 뒹굴기 때문에 조금 씻겨야겠다고 강가에 데려가니까 양이 자기를 죽이는 줄 압니다. 그러나 양은 물속에서 씻겨야 그 더러운 때가 씻겨 나갈 수 있습니다. 어떤 경우 우리가 고난에 빠지는 것 같고 빠져 죽을 것 같아도 그것이 씻기 위한 과정인 줄로 아시기 바랍니다. 우리를 깨끗하게 하는 과정일진대 우리는 능히 감사할 수 있습니다.

털을 깎으려고 예리한 가위를 들이댈 때 양은 '하필이면 가위를 들고 나를 죽이려고 하나'라고 생각하지 않습니다. 우리는 털을 깎으면 새로운 털이 나오는 것을 알아야 합니다. 털을 깎는 목자가 양을 죽이려는 것이 아닌 것처럼 힘들고 어려운 일이 있을지라도 하나님이 우리에게 더 좋은 것을 주시기 위한 과정임을 우리는 알아야 합니다. 그러므로 우리는 어떤 경우에서도 우리 하나님께 감사와 영광만 돌릴 수밖에 없습니다. 꽃이 비를 맞은 후에야 더 향기로운 꽃을 피워 낼 수 있듯이 고통과 탄식의 눈물을 흘린 후에야 우리의 믿음과 인생이 더 깊어집니다.

베드로전서에 보면 우리를 연단하려고 오는 불시험을 이상한 일 당하는 것같이 이상히 여기지 말고 오히려 그리스도의 고난에 참여하는 것으로 즐거워하라고 했습니다. 성도는 외면적으로 고통이 온다 할지라도 내면적으로는 더 성숙해지고 하나님의 은혜에 감사할 수 있습니다. 호두나무가 맞을 때 상처를 받는 것 같아도 나중에 지나고 보면 풍성한 열매를 맺는 것처럼 이런저런 일들로 많은 상처를 받는다 할지라도 그것은 내 영혼을 풍성하게 하기 위한 하나님의 섭리와 사랑인 것을 깨달아야 합니다. 우리는 주의 음성을 듣고 "내 영혼아 여호와께 감사하라 내 속에 있는 것들아 은총을 잊지 말고 감사할지어다"라고 고백해야 합니다. 우리 속에서 감사의 샘이 터져 나오는 저와 여러분이 되기를 주님의 이름으로 부탁드립니다.

감사하는 사람의 일생에는 향기로운 요소들이 가득하다. 겸손과 너그러움, 따뜻함, 위로, 기쁨과 여유가 있다. **소노 아야코**

마음의 소원을
이루시는 하나님

그의 마음의 소원을 들어 주셨으며 그의 입술의 요구
를 거절하지 아니하셨나이다 셀라 시 21:2

영국왕 에드워드 7세가 어느 날 신하와 함께 민
정 시찰을 나갔습니다. 여기저기 걸어다니다가 저
녁때가 되었고 너무 멀리 나와서 궁으로 돌아가지
못했습니다. 그때 마차를 끌고 가는 농부를 만났습
니다. "나를 궁 있는 데까지 데려다주세요"라고 부탁
을 했습니다. 그 농부가 "당신 누구냐?"라고 물어봤
습니다. "나는 에드워드 7세 영국 왕이오." 민정 시
찰 중이라 행색이 초라해서 왕 같지 않은데 왕이라

고 하니까 농부는 장난인 줄 알고 "당신이 왕이라면 나는 로마 교황이오"라고 했습니다. 그러니까 자기가 더 높다는 뜻입니다. 당시 로마 교황은 영국에 큰 영향력을 미치고 있었기 때문입니다. 그런데 왕이 물었습니다. "소원이 무엇입니까?" 농부는 "마차가 낡아서 새것으로 바꿨으면 좋겠소"라고 대답했답니다. 그런데 궁으로 들어가서 옷을 갈아입으니 정말 왕입니다. 농부는 새 마차 하나를 얻었습니다. 농부가 새 마차를 끌고 나가며 "말도 한 마리 달라고 할걸" 했다는 이야기가 있습니다.

그분이 왕인 줄 몰랐을 때는 가치가 적은 것을 소원하거나 요청할 때가 있습니다. 하나님은 하늘과 땅의 모든 권세를 가졌을 뿐 아니라 우리의 소원을 아시며 우리 마음속을 불꽃같은 눈으로 보고 계십니다. 그러나 하나님이 무엇이든지 해주실 것이라고 기대를 갖는 사람은 많지 않습니다. 우리는 지금 인간이 모든 것을 다 할 수 있다고 생각하는 시대에 살고 있습니다. 하나님은 이 일도 이루시고 저 일도 성취하실 수 있다고 소망을 두고 기대를 가지고 사는 사람이 적은 시대에 우리는 살고 있습니다.

소망이 사람을 만들어 갑니다. 하나님께 소망을 두는 사람은 돋는 아침 해 같고 그의 삶은 떠오르는 햇빛 같습니다. 떠오르는 햇빛이 광명을 이루는 것같이 우리의 모든 일이 분명하게 이루어질 줄로 믿습니다. 다윗은 "나의 마음의 소원을 들어주셨으며 나의 입술의 요구를 거절하지 아니하셨나이다"라고 말했습니다. 우리 마음에 소원을 주시는 하나님을 기대한다면 하나님이 큰 역사를 이루실 줄로 믿습니다.

삭개오는 사람들이 손가락질하는 인물이었습니다. 그러나 예수님은 "너는 아브라함의 자손이다"라고 그에게 기대를 걸고 소망을 주시고 그의 가능성을 보셨습니다. 예수님을 만나 변화된 그는 하나님께 큰 영광을 돌리는 하나님의 사람이 되었던 것처럼 하나님은 우리에게 가능성을 보고 계심을 알아야 합니다.

지금은 기근이 들고, 메뚜기와 황충이 갉아먹고, 곤고한 처지에 있을지라도 하나님께 소망을 둔 사람들은 꿈을 꾸고 이상을 보고 장래 일을 말합니다. 마찬가지로 오늘 우리에게 고통과 어려움이 있을지라도 하나님께 소망을 두시기 바랍니다. "말세에 내가 내 영을 모든 육체에 부어 주리니 너희의 자녀들은 예언할 것이요 너희의 젊은이들은 환상을 보고 너희의 늙은이들은 꿈을 꾸리라"(행 2:17).

제가 실명 후 길거리를 헤매다가 하나님의 은혜로 신학교를 입학하기 위해 면접을 가게 되었는데 면접하시는 목사님이 "앞을 못보고 불편한데 어렵게 공부를 해서 앞으로 어떤 사역을 하기를 원하십니까?"라고 물어보셨습니다. 그래서 저는 바로 대답을 했습니다. "네, 저는 맹인 양로원을 하려고 합니다." 제 마음에는 소원이 있었습니다. 제가 실명 후에 아버님이 계신 교회에 갔었는데 맹인 노인 할머니 한 분이 계셨습니다. 아버님이 그분에게 애정을 가지셔서 할머니 댁에서 교회까지 새끼줄을 매어 그분이 줄을 붙잡고 교회에 나올 수 있도록 도와주셨습니다. 그런 모습을 보면서 '아, 앞으로 이런 분들을 위한 맹인 양로원을 세워야겠다'라는 소원이 마음속에 있었기 때문에 교수님의 질문에 이렇게 대답을 했습니다.

저는 이런 이야기를 기억합니다. 누가 산 앞에 가서 "산아! 내게 오너라" 크게 소리 지르니까 동네 사람들이 그렇게 소리 질러서 산이 오나 비웃었습니다. 그래서 그 사람이 그랬답니다. "산이 안 오면 내가 가면 되지." 저는 목사가 된 후에 맹인 사역을 하면서 늘 마음에 소원을 두고 기도했습니다. "주여! 내게 처음 소원을 주신 대로 맹인 노인들을 위한 양로시설을 허락해 주십시오." 그렇게 부르짖고 기도해 왔는데 하나님께서 긍휼히 여기셔서 오늘날 새빛요한의집이라는 맹인 양로시설을 운영하게 되었습니다. 불타는 마음의 소원을 부르짖었더니 하나님이 하나님의 방법으로 이루어 주셨습니다. 주님께 부르짖으니까 기적이 일어났습니다.

어떤 사람은 기적이 비과학적이라고 말합니다. 기적은 비과학적이 아니라 초과학적입니다. 소망을 하나님께 두고 사시기 바랍니다. 그럴 때 우리의 삶은 광명한 햇빛같이 변화될 줄로 믿습니다.

불빛이 어둠 속에서 더욱 빛나듯이 희망은 시련 속에서 더욱 굳건해진다. **세르반테스**

재조정하시는
하나님

하나님은 때로는 우리가 계획하고 생각하는 일들을 재조정해 주십니다. 하나님께서는 우리가 하나님이 기뻐하시는 일들을 하기를 원하십니다. 왜냐하면 내 생각보다 하나님의 생각이 항상 높으시고, 내가 계획하는 것보다 하나님이 계획하시는 일이 항상 옳으시기 때문입니다.

내가 생각하고 판단하는 모든 것을 하나님께서 재조정하시는 목적은 무엇일까요? 우리가 잘 되고 복 받게 하기 위함입니다. 성경은 여호와께서 나의 가는 길을 아신다고 하셨습니다. 그분은 내가 생각하고 나아가는 길을 아시기 때문에 재조정하실 수 있습니다.

　미국에 사무엘과 존이라는 사람이 있었어요. 이 둘은 친구입니다. 세일즈맨이었던 이들은 호텔에 머물다가 호텔 룸에 성경이 비치되면 좋겠다는 생각을 했습니다. 이들은 호텔에 성경을 제공하는 기드온협회를 만들었습니다. 그래서 전 세계 어느 지역이든지 호텔 숙소의 침대 옆 서랍을 열면 그 안에 성경이 들어 있습니다. 수많은 영혼을 구원하기 위해 이런 발상을 하게 되었습니다. 그들이 처음부터 이런 계획을 한 것은 아니지만 하나님께서 그들의 삶을 재조정함으로써 하나님의 뜻을 이루어 갈 수 있게 하신 것입니다. 이것이 축복입니다.

　요나가 니느웨로 가야 하는데 자기 뜻을 따라서 다시스로 도망을 갔습니다. 하나님께서 물에 빠진 요나를 큰 물고기 배 속에 집어넣어 결국 니느웨로 가도록 재조정하셨습니다. 수많은 니느웨 사람들이 회개하는 큰 역사를 일으켜 주셨습니다. 예수를 핍박하던 큰 자라고 자부하던 사울을 하나님이 재조정하셔서 작은 자 바울로 만들어 하나님 나라

복음의 역사를 이루셨습니다.

사람들의 신앙생활 가운데 하나님이 재조정하시는 일을 간증으로 많이 듣습니다. 하나님은 사소한 부분도 재조정하시는 경우가 있습니다. 어느 가정에서 부인이 남편에게 부탁을 했습니다. 백화점에 가서 볼 물건이 있는데 태워 달라고 했습니다. 남편이 승낙을 해서 부인을 백화점에 데려다 줬습니다. "차 안에서 잠깐 기다릴게. 얼마나 걸려?" "잠깐이면 돼요." 여자들의 잠깐은 한 시간을 의미합니다. 5분이면 나온다, 혹은 조금 시간이 걸린다 하면 두 시간이고, 꽤 시간이 걸린다 하면 세 시간이나 네 시간입니다.

잠깐 기다리라더니 아무리 기다려도 나오지를 않습니다. 짜증이 나고 잔뜩 화가 나서 가버릴까 하다가 기다렸습니다. 그냥 가버리면 집에 가서 저녁도 못 얻어먹을 것 같아서 '한 번 더 참아야지' 하고 기다렸는데 부인이 와서 말했습니다. "여보, 오래 기다렸지? 미안해. 오늘이 결혼기념일이잖아. 뭘 좀 사려고 이리저리 다니는데 마음에 드는 게 없어서 시간이 좀 걸린 것 같애. 미안해요. 선물 여기 있어요." 남편은 정말 부끄러웠습니다. 자신은 결혼기념일이 언제인지도 모른 체 화만 내고 앉아 있었으니 말입니다. 이와 마찬가지로 하나님은 작은 일에도 우리의 마음을 재조정하실 때가 많이 있습니다. 그저 하나님이 하라면 하고 말라면 말고 무조건 순종하면 됩니다. 내 생각과 내 고집대로 했다간 되는 게 없고 제대로 하는 게 없습니다.

사업을 하시는 분도 큰일을 계획하실 때 "하나님! 오늘 제가 하고자 하는 계획이 하나님의 뜻에 맞는 것인지 가르쳐 주십시오" 하고 기도하고 시작을 하면 성공률이 높아지더랍니다. 그래서 어떤 사업가는 늘 "하나님, 이 일도 하나님의 뜻에 합당한 일입니까? 해야 될 일입니까? 이 일이 하나님이 기뻐하시는 일이 되겠습니까?"라고 진심으로 기도하면서 사업을 합니다. "오늘도 내 생각, 내 계획대로 하기 쉬우니 내 생각을 하나님께 맞도록 언제나 조정하여 주시옵소서"라고 기도하면 일을 할 때에 하나님이 이루어 주시는 것을 체험하며 살게 됩니다. 이

게 중요합니다. 하나님이 여러분의 인생길을 재조
정하실 때 순종하시기 바랍니다. 응답을 체험하실
겁니다.

일본 작가 미우라 아야꼬는《빙점》으로 유명한
여류 소설가입니다. 그분은 원래 초등학교 교사를
하면서 교장이 되기를 꿈꾸었습니다. 그런데 폐결
핵에 걸려서 거의 죽게 되었습니다. 그가 병중에 이
런 글을 썼습니다. "내가 병을 앓지 않았다면 하나님
을 못 만났고 기도도 못했을 것이다. 나는 학교 교장
이 되기를 원했는데 하나님은 병을 통해서 내 인생
을 재조정하셔서 복음의 증인으로 사용하셨다."

저도 인생의 '재조정'을 받았습니다. 젊은 시절
에 저의 꿈은 외교관이었습니다. 언제나 제 책상 위
에는 세계가 그려진 지구본이 있어서 늘 지구본을
뱅뱅 돌려가며 세계의 무대를 밟고 다니는 그런 외
교관을 꿈꾸었습니다. 대사 친구들 보면 외국에 가
서 2, 3년 있다가 들어와서 연수를 받고 또 나가는
식으로 하면서 20년 동안 4, 5개국밖에 못 다닙니
다. 저는 지금 110개국을 다녔으니까 이 땅의 대사

와는 비교가 안 됩니다.

　뉴질랜드 대사였던 장로님이 계십니다. 미주
지역 총영사로 계실 때 여러 교회의 집회에 가서 은
혜를 많이 끼치셨습니다. 그러자 불교계를 비롯한
타종교 사람들이 공직자가 한 종교에 치중해서 그
렇게 집회를 하고 다니느냐고 정부에 탄원서를 제
출하며 핍박이 있었습니다. 또 공직자가 한 교단에
치우치지 말라 하여 여러 교회 스케줄을 취소한 걸
로 알고 있습니다. 대사는 한 교회만 나갈 수 없나
봅니다. 두루두루 여기저기 다녀야 됩니다. 하지만
안요한 목사가 여러 교회 집회를 다 다녀도 왜 교회
만 다니냐고 불평하는 사람은 없습니다. 시각장애
인으로 40년 동안 110여 개국 1만 2천여 회의 집회
를 다녀도 막는 사람은 없었습니다.

　제 책상에는 지금도 지구본이 있습니다. 지구
본을 뱅뱅 돌려가면서 하나님의 복음을 전할 수 있
도록 기도합니다. 가끔 건너뛰는 지역이 아직 남아
있지만, 하나님께서 지금까지 부족한 종을 사용해
주시고 계십니다. 저를 위해 기도해 주신 성도님들

과 제 삶을 재조정해 주신 하나님께 영광과 감사를 드립니다.

눈을 뜨고 몇 개 나라 다니는 것보다는 눈감고 온누리에 복음을 전하는 것이 낫겠다 싶어서 하나님이 저를 재조정해 주신 것 아니겠습니까? 하나님께서 "너는 늘 감사하며 복음을 열심히 전해라"라고 하셨습니다. 정말 힘들고 어려운 일이 많이 있었지만, 많은 성도들이 기도해 주시고 하나님이 은혜와 능력을 주셔서 제가 감당할 수 있었습니다. 제 사역의 영역을 넓혀 주시고 제 삶의 모든 여정을 조정해 주신 하나님께 영광과 감사를 드립니다.

하나님의 목적 안에서 중요하지 않은 사람은 없다.

알리스터 베그

순종은 새로운 시작이요
축복의 문을 여는 것

여호수아가 또 백성에게 이르되 너희는 자신을 성결하게 하라 여호와께서 내일 너희 가운데에 기이한 일들을 행하시리라 수 3:5

모세가 나이가 많아서 여호수아가 그 후계자가 되어 이스라엘 백성을 이끌고 가나안으로 들어갑니다. 말이 사십 년이지 우리가 사십 년 오십 년 살면서도 한도 많고 이런저런 일이 얼마나 많이 있었습니까? 장정이 육십만 명인 이스라엘 백성들을 이끌고 광야를 지나가는데 힘들고 어렵고 복잡한 일이 얼마나 많았겠습니까?

홍해를 건너고 광야를 지나 세겜에 도착했습니다. 세겜 앞에 요단강이 흐르고 있었습니다. 거기서 사흘을 유하면서 여러 가지 사항을 점검했습니다. 요단강을 건너야 여리고 성이 있고 여리고 성을 지나야 꿈에 그리던 가나안에 들어갑니다. 그런데 강을 건널 배가 있는 것도 아니고 다리가 놓인 것도 아니니 어떻게 건너갑니까? 그러니까 백성들이 불평하고 원망합니다. "하나님, 우리가 요단강 물에 빠져 죽으라고 여기까지 이끌고 오셨나요?"

받은바 은혜를 헤아릴 줄 모르면 불평불만이 생깁니다. 우리도 많은 은혜를 받고 살면서도 하나가 조금 빠지면 지금까지 받은 은혜를 기억하지 못합니다.

생각해 보십시오. 이스라엘 백성이 애굽에서 나올 때는 좋았습니다. 그런데 앞에 홍해가 있고, 뒤에는 애굽 군대가 쫓아오고 있습니다. 아무 대책이 없습니다. "우리를 홍해 바다에 빠뜨려 죽이려고 여기까지 데리고 왔냐?" 모세에게 욕을 하고 하나님을 원망했습니다. 우리가 분명히 알아야 됩니다. 민수

기 14장 11절에 보시면 하나님을 원망하고 불평하는 것은 하나님을 멸시하는 것이라고 하셨습니다. 피조물인 인간이 감히 어떻게 창조주이신 하나님을 원망하고 멸시할 자격이 있겠습니까?

모세가 하나님께 기도하고 지팡이로 홍해를 갈라서 다 건너게 하셨습니다. 그러자 "역시 하나님은 우리를 사랑하신다"라고 말했을 겁니다. 그러나 광야에서는 목이 말라 또 하나님 원망합니다. 그래서 하나님이 모세를 시켜 반석에서 물이 나오게 하셨습니다. "아, 시원해, 역시 하나님은 좋으신 분이야." 이렇게 말했을 겁니다. 그렇게 한참 가다가 고기가 먹고 싶다고 해서 하나님이 메추라기를 날라다가 배부르게 먹게 했습니다.

원망하던 이스라엘 백성은 나중에 불뱀의 공격을 받았습니다. 모세는 하나님의 말씀대로 장대에 구리 뱀을 달아 높이 들었습니다. 이 놋뱀을 바라보는 자는 목숨을 건졌습니다. 장대 구리 뱀 쳐다보면 나았습니다. 이것이 믿음입니다. 바라보면 됩니다. 너무 쉽습니다. 그런데 오늘날도 사람들은 바라보

지 않습니다. "그럴 리가 없어. 의학적으로 봐도 과
학적으로 봐도 말이 안 되는 소리야"라고 말하며 믿
음으로 예수님을 바라보지 않습니다.

하나님은 또 만나를 내려서 배불리 먹이셨습니
다. 하나님은 고비 고비마다 역사하셔서 다 채워 주
시고 도와주시고 인도해 주셨습니다. 그런데도 요
단강을 보면서 배도 없고 다리도 없는데 우리를 빠
뜨려 죽이려고 데리고 왔느냐고 또 원망합니다. 이
것이 우리들의 모습입니다. 우리는 받은바 은혜를
헤아릴 줄 모릅니다. 믿고 기도해야 하는데 이미 받
은 은혜는 생각 못하고 비관론자가 되어 버립니다.
그래서 저도 힘들고 어려울 때마다 이미 받은바 은
혜를 기억합니다. 실명한 후 어려움 속에서도 하나
님이 인도하셨기 때문에 제가 늘 부르는 복음송이
있습니다.

지나온 모든 세월들 돌아보아도
그 어느 것 하나 주의 손길 안 미친 것 하나 없네
오 신실하신 주, 오 신실하신 주

내 너를 떠나지도 않으리라 내 너를 버리지도 않으리라
약속하셨던 주님 그 약속을 지키사
이후로도 영원토록 나를 지키시리라 확신하네

지금까지 인도하시고 지켜주신 하나님께서 이후로도 우리를 지켜 주실 것을 확신합니다. 이러한 믿음을 가지고 사는 사람들은 비관론자가 되지 않습니다. 그래서 여호수아가 "하나님, 어찌하면 좋겠습니까?"라고 묻자 하나님께서 말씀하십니다. "사랑하는 이스라엘 백성들아, 내일 너희들에게 기적을 보이리라. 내일 제사장들이 법궤를 들고 앞으로 나갈 때에 그 뒤를 따르라."

여호수아가 하나님의 말씀을 듣고 이스라엘 백성에게 전하자 그들은 그대로 순종했습니다. 그 순종은 구한 것입니다. 우리는 나약한 인간이기 때문에 원망도 하고 불평도 하고 어려운 이유들을 얘기할 때가 있습니다. 하지만 하나님이 이렇게 하라 할 때, "네" 하고 순종하면 문제가 해결됩니다. 그래서 제사보다 순종이 낫다고 말씀하셨습니다.

왜 아브라함이 믿음의 조상, 복의 근원이 되었습니까? 간단합니다. 순종입니다. 순종은 새로운 시작이요, 축복의 문을 여는 것입니다. 저는 사실 원망, 불평 많이 하고 정말 말 안 듣는 바보 같은 사람이었습니다. 그러나 제가 한 가지 하나님 앞에 감사한 것은 하나님이 하라는 대로 "네" 하고 순종하는 축복을 받은 것입니다. 그렇기 때문에 오늘날 이 작은 종이 이 자리에까지 이르게 된 것입니다. 순종은 언제나 새로운 시작이 되고, 순종할 때 하나님은 축복의 문을 열어 주십니다. 말씀에 순종함으로 새로운 시작의 문을 열고 축복의 문을 여는 우리 모두가 되었으면 좋겠습니다.

교회가 부흥되고 우리 생활이 풍족해지려면 다른 방법 없습니다. 그저 말씀에 대해 "네" 하는 순종하는 것입니다. 그러면 만사가 다 해결됩니다. "아니오" 하는 교회에서는 불화가 생기고 어려움이 생깁니다. "네"라고 순종하는 것이 성령의 은혜입니다. 저희 교회에 표어가 하나 있습니다. 다른 것 없습니다. "네"입니다. "네"를 크게 써 붙이고 있습니다.

"네"는 축복의 문을 여는 열쇠입니다. "네" 하면 기적이 일어납니다. 기적이 비과학적입니까? 기적은 초과학적입니다. 법궤를 메고 요단강에 발이 닿자 즉시 강이 갈라졌습니다. 여러분 인생의 앞길에 배도 없고 다리도 없는 요단강이 놓여 있습니까? 사업에, 직장에, 인생의 계획에 다리가 없고 배가 없는 것이 문제가 아닙니다. 믿음이 없는 것이 문제입니다. "예수를 바라보라." 보는 믿음이 없는 것입니다. 요단강과 같은 사건들을 믿음으로 건너야 합니다. '믿음장'인 히브리서 11장을 여러 번 읽으시면서 묵상을 해보시기 바랍니다. 믿음으로 여러분은 인생의 요단강을 건널 수 있습니다. 다시 말씀드립니다. 순종은 새로운 시작이요, 축복의 문을 여는 열쇠입니다.

믿음의 선진들을 보십시오. 아므람과 요게벳이 아들을 낳았습니다. 갈대상자에 넣어 나일강에 띄웠습니다. 하나님께서 누굴 준비하셨습니까? 애굽 공주에게 나일강에서 목욕하고 싶은 마음을 허락하셔서 그가 강가를 걷다가 갈대상자에 떠내려 오는 모세를 보고 구해 내지 않았습니까? 하나님은 그 모세를 통해서 이스라엘 민족을 구원해 내셨습니다.
하나님은 그렇게 일하시는 분입니다. 우리 인생살
이에도 홍해, 불뱀, 요단강 같은 여러 가지 일이 다
있습니다. 그러나 우리는 건지시는 하나님을 믿고
바라봅니다. 그리고 이렇게 찬양합니다.

하나님 한 번도 나를 실망시킨 적 없으시고 언제나 공
평과 은혜로 나를 건지시네

은혜는 우리를 평강의 바다로 인도하는 샘물의 원천
이며 수원지다. **마틴 로이드 존스**

길은
있다

하나님은 우리에게 여러 가지 길을 가르쳐 주
셨습니다. 고린도전서 10장 13절에는 시험 당할 즈
음에 피할 길을 주신다고 하셨습니다. 길이 없어도
길을 주시고, 막혀도 예비된 길을 열어 주시고 인도
해 주신다는 말씀입니다. 제가 보기에 성도님 중에
는 나침반이 없는 분이 계십니다. 하나님께 방향을
고정시켜 놓고 그쪽으로 가야 할 텐데 우리는 살다
가 힘든 일이 생기면 방향을 잊어버립니다. 이렇게
헤매는 우리에게 하나님의 말씀은 "천국의 길이 있
고 지옥의 길이 있고 생명의 길이 있고 살 길이 있고
축복의 길이 있다"라고 가르쳐 주십니다. 우리가 살

길을 위하여 기도하면 좋은 길을 열어 주신다고 약속해 주셨습니다.

길은 있습니다. 우리가 믿음이 없어서 그렇지, 길이 없는 것처럼 보여도 하나님께서 새로운 길을 마련해 주십니다. 길을 갈 때 세 가지 잘못된 길은 절대로 가면 안 됩니다. 첫째, 발람의 길입니다. 이는 저주의 길입니다. 원래 발람은 이스라엘 사람인데, 발락이라는 사람에게 뇌물로 돈을 받고 자기 백성 이스라엘을 저주했습니다. 남을 저주하는 거 얼마나 나쁜 겁니까? 자기 스스로 저주하는 사람도 있습니다. '몹쓸 놈의 내 인생' 하면 그렇게 됩니다. 어떤 경우든지 칭찬을 하되 저주를 하지 맙시다. 둘째는 유다의 길이 있습니다. 스승인 예수를 판 배은망덕의 길입니다. 셋째는 미움의 길이 있습니다. 가인은 제 동생을 시기질투해서 죽임으로 인류 최초의 살인자가 되었습니다.

우리는 이런 세 가지 길을 사랑의 길로 바꿔야 합니다. 그러면 꽃이 만발하고 길이 열립니다. 하나님을 사랑하고 형제를 사랑하고 이웃을 사랑하고 우리들 자신을 사랑합시다. 누가 뭐라고 해도 여러분 한 분 한 분 한 분 다 귀하신 분들입니다.

길은 있습니다. 전북에 사시던 어떤 분의 간증을 소개합니다. 그분은 이상하게도 시험에 대한 스트레스가 있었습니다. 살면서 무슨 자격시험, 회계사, 공무원 시험, 심지어 운전면허 시험까지 모든 시험에서 불합격했습니다. 시험 때문에 상처를 많이 받았습니다. "나 같은 사람은 이 세상에 존재할 가치가 없는 사람이다, 능력이 없는 사람이다"라고 생각했습니다. 심지어 죽어 버려야겠다는 생각도 했습니다.

하루는 친한 친구를 찾아가서 마지막 얘기나 나누고 죽어야지 하고 이런 얘기 저런 얘기를 하다가 솔직한 심정을 얘기했습니다. 그랬더니 친구가 "그러면 안 되지. 죽는 건 죄고 예수 믿고 주님 사랑으로 새로운 소망을 갖고 살아야지. 다음 주일에 우리 교회 같이 나가자"라고 했습니다. 모든 것을 포기한 사람이니까, 친구 따라서 교회를 갔습니다. 그날은 마침 목사님 설교 중에 "자살은 죄요, 하나님이 원치 않습니다. 구원의 감격을 가지고 소망 중에 살아가야 합니다"라는 설교를 하셨습니다. 설교를 듣다가 깜짝 놀랐습니다. '저 목사가 어떻게 내 마음을 알고 나를 향해 저 말씀을 하나.' 그래서 옆의 친구를 쿡 찌르면서 "자네가 내 얘기를 목사한테 다 이야기했나?"라고 물어봤습니다. "아니! 내가 왜? 어떻게 목사님이 아시겠어?"라고 친구가 대답했습니다.

은혜 받는 사람들은 다릅니다. 아무리 은혜의 말씀을 전해도 받아들이지 않으면 은혜와 감동을 받지 못합니다. 그런데 이분은 축복을 받은 분입니다. 그 말씀이 자기를 향한 말씀이라고 받아들여서 예수님을 영접하고 신앙생활을 했습니다.

그러던 어느 날 할 일도 없고 해서 늦잠 자고 일어나 부근의 중국 뷔페식당에 갔습니다. 아침 겸 점심을 먹으려고 가서 앉아서 기다리고 있었습니다. 그런데 미국 공군 장교가 음식을 담아오다가 자기 테이블 옆에서 미끄러져 넘어지는 바람에 음식 접시가 깨져 버렸습니다. 음식을 주워 담느라고 쩔쩔매는 모습을 보고 안타까운 마음에서 도와줬습니다. 그랬더니 다시 음식을 가지고 와서는 머뭇거리다가 자기 옆 자리에 앉았습니다. 앉으면서 자기한테 '땡큐'(Thank you) 하며 감사하다고 대화를 나누게 되었습니다. 그러다 통성명하고 전화번호를 주고받은 후 헤어졌습니다.

그 군인은 오산 비행장에 복무하는 공군 소령이었습니다. 나중에 또 만날 기회가 있었습니다. 대화중에 자기 부대에서 비행 정비사를 찾고 있는데 특별히 하는 일이 있느냐고 물어보았습니다. 없다고 했더니, 그러면 와서 정비사를 할 수 있겠냐고 제안을 했습니다. 시험을 보는 것도 아니라고 했습니다. 제안을 받아들인 그는 나사 조이는 것부터 배우고 열심히 일했습니다. 미국 사람들은 성실한 것을 인정하니까, 계속 진급을 해서 매니저가 되었습니다. 그런데 그 장교가 진급하더니 미국 본토로 가게 되었습니다. 미국 본토에 간 장교가 "내가 한국에 근무할 때 성실한 정비사가 있었는데 그분을 좀 데려오자"라고 제안해서 미국으로 초청을 했습니다. 시애틀에는 보잉을 비롯해서 세계에서 가장 큰 비행기 공장들이 있습니다. 그래서 거기서 정비사로 일하는데 워낙 열심히 하고 성실하니까 인정을 받아 가지고 그 큰 비행기 회사의 모든 부품을 관리하는 총괄 매니저가 되었습니다. 높은 자리라 대우도 엄청나게 잘 받았습니다. 그래서 그분 간증이 "예수로 인해서 내 인생이 변화되었다. 길은 있다. 예수로 말미암아 나는 새 길을 찾았다"입니다. 길은 있습니다.

열이라는 숫자 있지요. 뭐 더하고 뭐 더하면 완전한 열이 되겠습니까? 5+5=10, 1+9=10, 2+8=10, 3+7=10, 4+6=10일 텐데 확실한 정답은 0+10=10입니다. 우리가 인생을 살아가는데 우리의 바람에는 한계가 있습니다. 우리가 하나님 앞에서는 0입니다. 내 생각, 내 계획대로 안 된다 말입니다. 우리는 하나님 앞에서 언제나 0입니다. 완전하신 하나님 10을 합하면, 우리는 0이지만 하나님이 10을 보태줘서 10이 됩니다. 믿습니까? 우리는 다 0입니다. 우리는 0이지만 완전하신 10 되신 하나님이 길을 열어 주십니다. 지금까지 다 우리는 5+5, 1+9, 2+8 식으로 살았지만, 우리가 0으로 되면 하나님이 10으로 채워 주십니다. "나는 0입니다. 소망의 문, 인생의 문을 열어 주세요. 하나님께서 길을 열어 주셔서 새로운 소망과 인생의 길을 열어 주셔서 완전한 10으로 만들어 가시옵소서"라고 기도하며 시작하는 우리가 되었으면 좋겠습니다.

당신이 아무리 올바른 길 위에 서 있다고 해도 제자리에 가만히 있다면 어떤 목표도 이룰 수 없다. **에머슨**

하나님이
기뻐하시는 가정

집이 있다고 해서 가정이 아닙니다. 사람들이
모였다고 해서 가정이 아닙니다. 가정은 반드시 하
나님이 계시고 집이 있어야만 온전한 가정이라고
말할 수 있습니다.

성경에 보면 현숙한 여인이 나옵니다. 사랑하
는 남편이 나오고 사랑하는 자녀 이야기가 나옵니
다. 현숙한 여인은 가정을 잘 이끌어 갑니다. 성경이
말하는 현숙한 여인은 어떤 여인일까요? 잠언 31장
18절에 보면 현숙한 여인은 밤에 등불을 끄지 아니
한다고 했습니다. 왜 등불을 끄지 않습니까? 가정을
위해서, 식구들을 위하여 그렇게 합니다. 낮에 나간

식구들이 밤에 다 돌아올 수 있도록 일일이 가족을 살피고 돕는 그런 여인입니다. 열심히 식구들을 위해서 일하는 여인을 등불을 끄지 않는 여인이라고 합니다. 그래서 남편이 아내를 칭찬하는 이야기가 나옵니다. 현숙한 여인은 덕행이 뛰어나서 존경받습니다. 그 여인은 입을 열면 지혜를 말합니다.

남편에 관한 이야기도 하겠습니다. 남편이지만 아내에 대해 관용이 없는 사람은 아내를 칭찬할 줄 모릅니다. 우리나라는 그릇된 생각이 있어서 아내를 칭찬하면 '팔불출'(八不出)이라고 합니다. 아닙니다. 성경은 아내를 칭찬하라고 가르칩니다. 저는 아내를 칭찬합니다. 어느 정도 칭찬하느냐. "나는 절대로 다른 여자는 쳐다보지도 않겠다. 나는 다시 태어난다고 해도 당신과 다시 결혼한다." 이렇게 말합니다. 저를 팔불출이라고 불러도 좋습니다. 좋아하는데 어떡합니까? 제가 제 아내 생일날 장미꽃 마흔네 송이를 선물해 줬습니다. 아내가 묻습니다. "왜 마흔네 송이입니까?" "4자가 둘이니까 죽도록 사랑한다!" 이렇게 대답했습니다. 다 팔불출이 되어서 아내를 칭찬하시기 바랍니다.

　자녀들은 감사할 줄 알아야 합니다. 하나님께 감사하는 자녀들은 비뚤어지는 법이 없습니다. 제게 하나님이 아들 하나 주셨습니다. 그런데 생각해 보면 어린 아들을 안은 아내와 세계 각처로 집회를 다녔습니다. 트렁크에 여러 아기 물건들 넣고 다녔습니다. 제가 앞을 못 보니 여행 자체가 정말로 힘들었습니다. 호텔, 비행기, 교회, 식당 그것이 일과의 전부였습니다. 아이가 방이나 땅에서 지낸 적이 많지 않습니다. 비행기 안에서 시간을 많이 보내니까 답답하고 힘들어서 아이가 자주 울었습니다. 산타모니카의 어느 교회에서 집회할 때 교회 장로님 딸이 산타모니카 해변에 데려가서 상자에다 모래를 넣고 개미를 잡아 넣어 줬습니다. 지금도 우리 아들은 그 누나를 개미 누나라고 합니다. 그렇게 살았습니다. 어린 아들은 집에서도 많이 울고 교회에서도 많이 울었습니다. 제가 싱가포르에서 교회 집회를 하는데 역시 울고 있었습니다. 강단에서 제 마음이 아프더라구요. 집사람이 달래도 소용이 없었습니다. 집회가 끝나고 호텔로 돌아왔습니다. 그래도 아이가 계속 울었습니다. 달랠 길이 없었습니다.

그런데 싱가포르에서 사역하시는 디모데 토우 목사님의 사모님이 선물을 하나 가져오셨습니다. 파란색 보자기에다 책 한 권을 선물로 주었는데 그림이 있는 성경이었습니다. 우리 아이가 그걸 보더니 그 후로는 식당이나 호텔이나 비행기나 어디에서나 그 그림 성경책에 푹 빠져 수백 번 읽었습니다. 더 이상 울지 않았습니다. 그림 성경에 빠져서 묵상하고 그렇게 말씀 안에서 자라났습니다. 하루는 시애틀 교회 집회를 하고 끝나고 나오는데 안 울던 애가 갑자기 울어요. "너 왜 우니?" 그랬더니 "아빠, 예수님이 왜 십자가에 달려 죽으셨는지 알 것 같아요"라고 대답했습니다. 어떤 목사님 내외가 와서 특별 찬양을 했는데 십자가 찬양을 듣고 아이가 은혜를 받았습니다. 그 아이가 자라 결혼해서 1남 2녀를 두고 직장 생활을 하면서도 모든 직원을 모아 놓고 성경을 가르치는 게 일과입니다. 교회에서도 그렇고 직장에서도 그렇고 친구들 모임에서도 그렇습니다.

그 아이는 사람들에게 성경 가르치고 전도하는 게 일상생활이 되었습니다. 부모는 아무것도 해준 것 없이 길렀는데 하나님이 말씀으로 그렇게 키우셨습니다.

현숙한 아내와 그 아내를 칭찬할 줄 아는 남자 그리고 하나님께 감사할 줄 아는 자녀가 함께할 때 훌륭한 가정이 이루어집니다. 그러면 이러한 복된 가정은 어떠한 일을 감당해야 합니까? 첫째로 그리스도 안에서 주는 가정이 되어야 합니다. 하나님은 우리를 사랑하사 독생자까지 주셨습니다. 오늘날 교회나 사회나 가정이나 왜 복잡하고 문제가 생깁니까? 사랑과 도움만 받으려니까 문제가 생깁니다. 성경은 받는 자보다 주는 자가 복이 있다고 말씀하고 있습니다. 그래서 마태복음 7장 12절에 남에게 대접을 받고자 하는 자는 먼저 남을 대접하라고 했습니다. 주고자 하는 자에게는 문제가 안 생깁니다. 여러분, 악어와 악어새라고 아세요? 악어가 동물들을 실컷 잡아먹고 입을 딱 벌리고 있습니다. 그러면 악어새가 날아와서 악어 이빨 사이에 낀 고기들을

똑똑 다 쪼아 먹습니다. 악어새는 배가 부르고 악어
는 치염이 생기지 않습니다. 양치질을 할 필요가 없
습니다. 서로서로 유익합니다. 이렇게 줌으로써 도
움을 받습니다. 악어와 악어새는 상부상조하는 법
을 압니다.

저희 복지재단에 이사 한 분이 계셨습니다. 그
분은 가난한 미국 유학 시절에 헌혈할 사람을 모집
한다고 해서 자기도 뭔가 남을 돕기 위해 헌혈하러
갔다가 큰 중병에 걸려 있는 걸 발견했습니다. 빨리
치료하지 않으면 죽을 수밖에 없는 급한 상황이었
습니다. 다행히 헌혈을 하러 갔다가 생명을 구할 수
있었습니다. 그래서 은혜를 받고 한국에 오시어 저
희 이사님으로 많은 수고를 하셨습니다. 자신의 시
간과 재능을 줌으로써 복을 받으신 분입니다.

한국전쟁 때 피난을 못 가서 공산군에 잡힌 적
이 있습니다. 아버지가 공무원이었기 때문에 우리
가족과 다른 공무원들이 평양 인근의 강제 노동수
용소로 끌려가게 되었습니다. 기차로 이동하는데
공산당원 아들이 열병으로 갑자기 죽게 되었습니

다. 공무원 관리 생활을 했다는 이유로 잡혀가는 건데 목사라는 신분까지 밝히면 더 큰 벌을 받을 수 있지만 아버님은 담대한 믿음이 있으셨습니다. "사실은 내가 목사인데 당신 아이를 위해 기도를 좀 해도 되겠나" 했더니, 죽은 아이를 넘겨주었습니다. 기찻길 옆에 묻어 주고 십자가를 꽂아 주었습니다. 잠깐 있었던 사건이었는데 잊고 지냈습니다.

그런데 한 달 후에 국군이 북진해서 왔습니다. 바로 그 죽은 아들의 아버지가 그 지역의 감독관인데 상부에서 명령을 받았습니다. 조만간 국방군이 올라와서 후퇴해야 하는데 인질들은 끌고 가기 귀찮으니까, 한 시간 후에 다 죽이라는 명령이었습니다. 죽은 아이의 아버지가 이렇게 말했습니다. "내가 당신을 어떻게 쏴 죽이겠소. 내 아들을 위해서 기도한 은인인데 그 깊은 사랑을 갚기 위해서 내가 왔으니까 아무 소리 하지 말고 일어나서 당신 가족들을 데리고 빨리 뒷문을 빠져나가 도망가라" 했습니다. 그 공산당원이 뒷문을 열어 줘서 탈출할 수 있었고, 제가 살아서 이렇게 목사까지 된 것입니다. 그래서

"남을 돕는 것은 자기를 돕는 거다. 축복은 부메랑이다. 줌으로써 복을 받는다"라는 아버지의 살아 있는 삶의 교훈을 저는 지금까지 간직하고 삽니다. 남을 돕는 건 자기를 돕는 것입니다.

조기 한 마리 이야기를 해드리겠습니다. 아주 가난한 시골 부부가 어쩌다가 조기 한 마리를 구하게 되었습니다. 한 마리를 구워 놓고 마주앉아 먹는데 남편은 아내에게, 아내는 남편에게 먹으라고 서로 권하다가 못 먹고 다시 안에 집어넣었습니다, 그런 과정을 일주일을 되풀이했습니다. 나중에 조기를 꺼내 보니 다 상했습니다. 그러나 조기는 썩어서 먹을 수 없었지만 두 부부는 훌쩍훌쩍 사랑의 눈물을 흘렸습니다. 조기는 상했지만 서로의 사랑을 확인할 수 있었습니다. 오 헨리가 쓴 〈크리스마스 선물〉 스토리가 떠오르는 일화입니다.

주고자 하는 삶에는 문제가 없습니다. 먼저 대접하는 것이 크리스천의 삶입니다. 섬김을 받으려고 하지 말고 먼저 섬기라고 했습니다. 우리나라는 유교 사상의 전통이 있어서 남존여비가 남아 있습니다. 이 남존여비 사상은 부부 사이에 문제를 일으킬 수 있습니다. 요즈음 결혼한 부부가 5년 안에 이혼하는 비율이 거의 30퍼센트라는 이야기를 들었습니다. 아침에 일어나서 아내에게 따뜻한 커피 한 잔 드려 보세요. 부인이 가만히 있겠습니까? 그날의 메뉴가 달라집니다. 섬기면 문제가 없어집니다.

결혼은 섬김의 현장입니다. 가정은 도피성과 같은 곳입니다. 아무리 큰 죄를 저지른 사람도 도피성 안에만 들어오면 안전합니다. 그곳은 불가침 지역입니다. 마찬가지로 가정이 도피성이고 교회가 도피성입니다. 우리가 아무리 형편이 어렵더라도 가정을 통해서 안식을 얻을 수 있어야 합니다. 그러므로 하나님이 기뻐하는 가정 되시기를 예수님의 이름으로 부탁드립니다.

가정이야말로 고달픈 인생의 안식처요, 모든 싸움이 자취를 감추고 사랑이 싹트는 곳이요, 큰 사람이 작아지고 작은 사람이 커지는 곳이다. H. G. 웰스

범사에
그를 인정하라

너는 범사에 그를 인정하라 그리하면 네 길을 지도하
시리라 **잠3:6**

이 말씀의 의미는 "살아 계신 하나님을 믿으
라"입니다. 모세가 "당신은 누구십니까?"라고 물었
을 때 하나님은 "나는 스스로 있는 자다"("I will be that
I will be")라고 하셨습니다. 스스로 계신 하나님을 믿
는 것이 그분을 인정하는 것이고, 모든 일을 다 하나
님이 해결해 주신다고 믿는 것입니다. "내 지혜와 경
험과 노하우로 하는 것이 아니라 모든 것을 하나님
이 해결해 주신다"라는 것을 인정하는 것입니다. 그

리고 하나님 앞에 "나는 부족합니다. 나는 모자랍니다"라고 인정하는 것입니다. 내가 부족함을 알아야 하나님이 채워 주시지 부족함이 없다는데 왜 하나님이 무엇을 더 채워 주시겠습니까? 내가 똑똑하다는데 하나님이 어떻게 채워 주시겠습니까? 내가 약할 때 강함을 주시는 하나님을 의지하고 부족함을 깨달아야 합니다.

자신이 죄인임을 고백하고 사는 사람, 능력은 하나님으로부터 나온다는 것을 믿는 사람, 매사에 모든 사람들의 계획과 삶의 자세가 하나님의 손 안에 있다는 사실을 인정하는 사람이 범사에 그를 인정하게 됩니다. 시편 1편 6절에도 "의인들의 길은 여호와께서 인정하시나 악인들의 길은 망하리로다" 했습니다. 악인이 왜 망합니까? 하나님을 인정하지 않기 때문에 망합니다. 어떤 사람이 악인입니까? 제 생각에는, 남을 죽이거나 사기 치거나 남을 억울하게 하는 사람이 악인 같습니다. 여러분도 경험해 보셨을지 모르는데, 누명을 씌워서 사람을 억울하게 만들고 마음을 아프게 하고 고통스럽게 만드는 그런 사람들이 악인이라고 생각합니다. 하나님은 결코 그런 사람들을 인정하지 않습니다.

악인은 끝이 좋지 않습니다. 그래서 성경은 "악인은 망하리로다"라고 선언합니다. 하나님이 우리를 판단하는 것을 심판이라고 하고, 내가 다른 사람을 판단하는 것을 비판이라고 하고, 내가 나를 판단하는 것을 회개라고 말할 수 있습니다. 하나님을 인정하는 사람은 사람에게도 인정을 받습니다. 하나님이 인정하는 사람은 내가 말을 하지 않아도 주님께서 다 보살피고 도와주십니다. 하나님이 보시기에, "저 사람 참 정직해, 진실해, 믿음으로 살려고 애써, 진실한 사람이야"라고 하나님으로부터 인정을 받는 사람은 아마 이 세상에서 가장 행복한 사람이 아닐까요? 그런 사람 되고 싶지요? 우리도 그런 사람이 될 수 있습니다.

다윗 왕에게 아들이 많았습니다. 아들 중에 압살롬이 있었습니다. 그는 왕의 후계자로서 똑똑하고 잘 생기고 인기가 많았습니다. 특히 압살롬은 머리가 여자처럼 길고 아주 풍성했습니다. 단발머리가 아니고 허리까지 늘어지는 금발머리를 휘날리며 다녔습니다. 또 압살롬은 왕이 될 왕자니까 사람들이 그에게 잘 보이려고 줄을 많이 섰습니다. 또 압살롬 주위에서 재촉을 합니다. 아버지 왕보다 당신이 나을 것 같으니까 빨리 왕이 되라고 부추깁니다. 이런 말을 들으면 마음이 변합니다. "그런가? 내가 왕이 되어야 하나?"

그래서 아버지를 죽이고 자기가 빨리 왕이 되려고 반란을 일으켰습니다. 이것이 사람의 마음입니다. 2인자가 1인자를 배반하는 경우가 많습니다. 그때나 지금이나 마찬가지입니다. 그래도 다윗 밑에 용장들이 있었습니다. '저런 고약한 놈, 자기 애비를 죽이고 반란을 일으키려는 인간'이라고 압살롬을 추격했습니다. 압살롬이 급해서 막 달아났습니다. 도망가는 곳에 큰 상수리나무가 있었는데 가지가 옆으로 쭉 뻗어 있었습니다. 그 밑으로 지나가다가 압살롬의 머리카락이 가지에 걸리게 되었습니다. 압살롬이 탔던 노새는 지나가고 자기는 가지에 매달렸습니다. 위급한 상황이지만 와서 도와줄 사람은 없었습니다. 결국 자기가 자랑하는 긴 금발머리 때문에 죽었습니다.

다윗에게 솔로몬이라는 아들도 있었습니다. 솔로몬은 자기 자신이 부족하다고 느꼈습니다. 그는 성전 봉헌 때 일천 번제를 하나님께 드렸습니다. 하나님은 그 기도를 받으시고 "솔로몬아! 네가 무엇을 원하느냐?"라고 물으셨습니다. "네, 제가 부족합니다. 지혜를 주십시오." 하나님이 기뻐하셔서 지혜뿐만 아니라 왕의 권위를 세워 주고 부귀와 영화, 모든 것을 다 주셨습니다. 하나님이 솔로몬을 인정하셨습니다. 하나님이 인정하는 사람은 쓰임을 받지만, 인정을 못 받은 사람은 쓰임을 받지 못합니다.

아프리카 우화를 하나 말씀드리고 싶습니다. 악어가 늪가에서 나와 길가에 지나가는 동물들을 바라보고 있었습니다. 마침 얼룩말이 지나가는 것을 보고, "얼룩말, 잠깐 이리 와 봐"라고 했습니다. "왜, 나를 잡아먹으려구요?" "아니야, 내가 할 말이 있어. 잠깐 왔다 가." 얼룩말이 가까이 갔어요. "말해 보세요." "얼룩말아, 내 몸을 좀 봐. 우리 아버지가 체육관 관장이잖아. 내가 매일같이 운동을 했더니 머리부터 꽁지까지 근육이 많이 생겨서…… 자, 멋있지?" 그런데 얼룩말이 "참 멋있네요" 했으면 좋았을 텐데 "착각은 자유지. 그게 무슨 근육이냐. 제대로 얻어먹지 못해 뭉쳐진 근육덩어리지"라고 말해 버렸습니다. 그러니까 악어가 화가 나서 얼룩말을 잡아먹었습니다. 이번에는 악어새가 날아왔습니다. "악어새야 나 좀 봐! 내 몸을 좀 봐! 우리 아버지가 체육관 관장이잖아. 내가 운동을 많이 했더니 근육이 잘 생겼지. 어떻게 생각해?" "아이고, 악어 선생님, 원래가 얼짱에다 몸짱이잖아요. 거기다 근육까지 잘 붙어서 더 멋있네요. 멋쟁이가 되셨네요." 악어는 자기를 인정해 주니까 기분이 좋아졌습니다. "그래, 악어새야, 내가 평생 너를 먹여 줄게. 언제라도 오면 내가 입을 딱 벌리고 있을 테니까, 이빨 사이에 있는 건 다 뽑아 먹어. 너는 내 친구야." 그 후 악어새가 와서 "악어 선생님!" 하면 악어가 입을 쫙 벌립니다. 그래서 악어새는 악어의 잇몸에 끼어 있는 것을 다 먹을 수 있었습니다. 악어새는 배가 부르고 악어는 치염도 안 생기니 서로가 좋은 겁니다. 서로 인정하니까 이런 좋은 관계가 생깁니다. 서로 인정하지 않으면 좋지 않은 관계가 됩니다.

성경에도 "먼저 하나님을 인정하라"라고 가르칩니다. 하나님을 먼저 인정하면 하나님의 사랑 받은 사람이 되고 복을 받습니다. 우리도 교회 성도끼리 또 제직들끼리 인정해 주어야 합니다. 목사는 성도를, 성도는 목사를 서로 인정하면서 아름다운 신앙생활을 해나가는 우리 모두가 되기를 주님의 이름으로 부탁드립니다.

하나님이 어떤 분인지 알고 싶다면, 그분의 말씀을 알아야 한다. **찰스 스펄전**

하나님이 주신
물마개

너는 마음을 다하여 여호와를 신뢰하고 네 명철을 의
지하지 말라 너는 범사에 그를 인정하라 그리하면 네
길을 지도하시리라 스스로 지혜롭게 여기지 말지어다
여호와를 경외하며 악을 떠날지어다 **잠 3:5-7**

사람들은 다 인정받기를 원합니다. 머리가 좋
다든가, 잘 생겼다든가, 마음이 착하다든가, 믿음이
좋다든가, 인정받기를 원합니다. 성경을 보면 하나
님이 인정하는 사람은 어떤 사람인가요? 자기 명철
을 의지하지 않고 여호와를 의지하는 사람, 범사에
늘 그를 인정하는 사람, 하나님을 늘 공경하는 사람.

하나님은 바로 그런 사람을 인정해 주십니다. 나의 경험, 나의 노하우, 나의 판단만 의지하지 말아야 합니다. 왜 그렇습니까? 하나님의 지혜가 우리 지혜보다 높기 때문입니다. 우리의 지혜를 하나님의 뜻과 경륜에 비교할 수가 있습니까? 무엇에 비교할 수 있을까요? 이것은 마치 아이가 "바둑아, 이리 와" 한글 몇 마디 배웠다고 국문학자 앞에서 국문학을 논하려고 하는 것과 마찬가지입니다.

제가 오래전에 미 동북부 지역 집회를 간 적이 있습니다. 그때는 이민 교회 초창기라서 다 미국 교회를 빌려서 사용할 때인데 대개 오후 2시 예배였습니다. 그때가 7월 가장 더울 때였는데 미국 노인들은 에어컨을 싫어해서 틀지를 않습니다. 낮 2시 예배인데 교회 안이 뜨겁고 후끈거렸습니다. 그 교회는 교인들 중에 80퍼센트가 박사들이었습니다. 그런데 박사들이 그렇게 많으니까 교회 분위기가 좀 냉랭했습니다. 그래서 제가 이렇게 말했습니다. "어느 자리에서 몇 권의 책을 읽었는지 몰라도, 성경은 지식의 근본인 하나님으로부터 나온 책입니다. 하나님 앞에 우리가 겸손해야 하지 않겠습니까?" 우리의 지혜와 노하우, 판단을 가지고 하나님의 지혜를 따라갈 수가 있겠습니까? 그래서 가장 지혜로운 사람은 하나님이 하라는 대로 하는 사람입니다. 안 믿는 사람들이 보기에는 다 바보 같습니다. '무엇을 저렇게 열심히 믿나, 무엇 때문에 저렇게 충성 봉사하는가?' 우리가 부족한 사람들같이 보이지만 사실 그렇지 않습니다.

에녹은 평생 하나님만을 의지하고 살다가 죽음을 보지 않고 하늘나라로 들림을 받았습니다. 노아는 어떻습니까? "노아야, 방주를 지어라." "하나님, 이렇게 햇빛이 쨍쨍한데 무슨 방주예요?" "그래도 방주 지어라." "네." 햇빛 쨍쨍 나는 여름에 방주를 지었습니다. 세상이 멸망당할 때 노아는 여덟 식구뿐 아니라 동물까지 다 구할 수 있었습니다.

아브라함은 어떻습니까? "너 이사해라." "아니, 이곳에 내 생활 터전이 다 있는데 어떻게 이사를 합니까?" "이사해." "네." 믿음의 조상이자 복의 근원이 되었습니다. 이삭은 어떻습니까? 하나님만 잘 의지하고 따라 몇 년 동안 가뭄으로 인해 다른 곡식은 다 죽어도 오히려 100배의 수확을 거뒀습니다. 야곱은 어떻습니까? 하나님만 의지하고 살다가 요셉이란 아들을 얻어 그가 이방 나라의 총리대신이 되고 이스라엘 민족을 구하고 하나님 나라를 건축하는 축복을 받았습니다. 바울은 어떻습니까? 독사에 물려도 죽지를 않아요. 원주민들이 크게 놀랐습니다. 바울은 "내가 신이 아니고 독사에 물려도 죽지 않게 하신 이는 하나님이시다. 그분을 믿으라"라고 전도했습니다. 하나님이 독사의 독에서 바울을 건져 주셨습니다. 하나님이 하라는 대로 하면 만사형통합니다. 나의 명철을 의지하지 않고 하나님을 인정하는 사람이 축복받은 사람입니다.

어느 환자가 하루는 종합병원에 검진을 갔습니다. 정신병동이 보여서 안을 들여다보니까, 보통 병원이라고 하면 의료기구도 있고 간호사들도 왔다갔다 하고 주사도 맞고 하는 것이 보이는데 병실에 아무것도 없습니다. 큰 목욕탕이 있는데 의사가 물을 잔뜩 받고 있습니다. 환자들은 밖에 쭉 앉아 있어서 이상하다고 생각했습니다. 목욕탕에 물을 가득 채우더니 거기에다 숟가락 하나, 컵 하나, 양동이 하나 놓고 나서 환자를 부릅니다. 외과환자는 겉으로 어느 정도 표가 나지만 정신질환자들은 외적으로 표가 잘 나지 않습니다. 환자를 하나씩 부르더니 숟가락, 컵, 양동이 중 당신이 원하는 것을 가지고 이 목욕탕 물을 퍼내라고 합니다. 생각해 보세요. 숟가락 가지고 퍼내는 사람이 올바른 사람입니까? 아니면 컵 가지고 퍼내는 사람은 어떻습니까? 양동이를 가지고 퍼내는 사람은 올바른 사람인가요? 다 문제가 있는 사람들입니다. 그걸 가려내는 방법입니다. 목욕탕 안의 물을 다 빼내는 방법은 간단합니다. 뭘까요? 바닥의 물마개를 뽑아 버리는 것입니다. 한 번에 물이 빠집니다. 우리 신앙생활도 마찬가지입니다. 어렵고 힘들고 답답하고 복잡한 일이 생기면 내가 해결해 보려고 합니다. 내 지식으로, 내 경험으로, 내 방법으로 해보려고 애쓰지만 해결이 안 됩니다.

그래서 하나님도 말씀 안에서 물마개와 같은 방법을 주셨습니다. 하나님이 주신 능력의 말씀, '물마개'는 무엇일까요? 저는 세 가지를 추천하고 싶습니다. 하나는 예레미야 33장 3절입니다. "내게 부르짖으라 내가 네게 응답하겠고…… 크고 은밀한 일을 네게 보이리라." 부르짖으라는 것은 실제로 스위치를 올려서 불을 켜는 것과 마찬가지입니다. 하나님을 만나는 겁니다. 그러면 응답하고 축복을 주겠다고 했습니다. 두 번째 물마개는 마태복음 7장 7절입니다. "구하고 찾고 두드리라"라는 말씀입니다. 그러면 "받고 찾고 열리리라!" 불이 난다든가 급한 일이 생기면 어디에 전화를 합니까? 119죠? 하나님도 119를 허락하셔서 누구나 다 힘들고 어려운 일이 있으면 전화하라고 하십니다. 세 번째 물마개는 누가복음 11장 9절입니다. 즉 구하고 찾고 두드리시기 바랍니다. 이것이 물마개처럼 우리의 어려운 문제를 한 번에 해결할 줄로 믿습니다.

여러분의 믿음은 문제를 해결하는 믿음입니까? 하나님이 말씀하십니다. "너의 명철을 신뢰하지 말고 여호와를 의지하라." 이 말씀을 믿으시기를 바랍니다. 물마개를 빼는 믿음이 하나님이 원하시는

믿음입니다.

우리는 흔들리지 않는 생각과 견고하고 굳건한 확신
을 갖고 하나님의 은혜 안에서 안전하게 안식하도록
이끄는 믿음만을 온전한 믿음으로 간주해야 한다.

장 칼뱅

마음속의 두려움을
제거하려면

신앙생활을 하는 사람에게 두려움이 있으면 올바른 신앙생활을 하기가 힘듭니다. 마음속 두려움을 제거해야 합니다. 그래서 우리 신앙인들은 이왕이면 긍정적인 사람과 사귐의 시간을 많이 갖는 것이 좋습니다. 부정적인 사람은 그 삶 바닥에 두려움이 있고 그 두려움은 전염되는 특징이 있기 때문입니다. 그래서 기드온 시대에 미디안의 13만 5천 명과 싸움을 할 때에 3만 2천 명의 이스라엘 군인들이 모였으나 두려워하는 사람은 다 돌려보내고 그중 만 명을 남기라고 하나님이 말씀하셨고 그중 3백 명만 추려서 싸운 이야기는 유명합니다.

우리는 흔히 두려워할 수 있는 조건을 이야기합니다. 내가 처한 막막한 환경 속에서 두려워할 수밖에 없다고, 내가 죽을병에 걸려 있으니 두려워할 수밖에 없다고, 내가 언제 망할지 모르는 사업을 하고 있기 때문에 두려워할 수밖에 없다고 이야기를 합니다. 환경이 좋아지면 환경이 나빠지면 어떡하냐는 불안 때문에 또 두려워집니다. 병이 치료되면 또 어떤 병이 나를 괴롭힐까 두려워집니다. 은행 잔고가 늘어나도 어떤 일로 사업이 위기를 맞을까 걱정하면서 두려움은 끊임없이 계속됩니다. 이 모든 것이 해결되었다고 해서 두려움이 제거되는 것은 절대 아닙니다. 아무리 환경이 바뀌어도 두려움은 사라지지 않습니다.

어느 인도 마술사 이야기가 있습니다. 부엌에 가보니 생쥐가 벌벌 떨고 있었습니다. 고양이가 쳐다보고 있으니 떤 것입니다. 그래서 고양이로 만들었습니다. 그러면 고양이는 안 떨까요? 또 고양이가 벌벌 떨고 있는 겁니다. 앞을 보니 호랑이가 쳐다보고 있는 것입니다. 그래서 호랑이로 만들었습니다.

안 떨까요? 또 호랑이가 벌벌 떨고 있는 겁니다. 그 앞을 보니 포수가 총을 겨누고 있었습니다. 그래서 포수로 만들었습니다. 포수가 되었으니 안 떨까요? 그런데 또 와들와들 떨고 있었습니다. 짐승을 한 마리도 못 잡았으니 집에서 아내를 만날 생각하며 벌벌 떨고 있더랍니다. 아내로 만들었습니다. 이제 안 떨까요? 이 부인이 아침에 부엌에 나가니까 생쥐가 있는 겁니다. 생쥐를 보고 아내가 벌벌 떠는 것입니다.

아무리 환경이 바뀌어도 두려움은 제거되지 못합니다. 왜냐하면 두려운 감정에 길들여져 있기 때문입니다. 어떻게 하면 두려운 마음을 제거할 수 있을까요? 하나님의 말씀을 믿어야 합니다. 사사기 때 기드온이 두려워하고 있었기 때문에 미디안 진영에 직접 내려보내서 미디안 군사 두 사람의 이야기를 듣게 합니다. 한 군사가 이야기합니다. "내가 어젯밤에 꿈을 꾸었는데 보리떡 하나가 굴러 내려오더니 우리 미디안 진영을 쑥밭으로 만드는 게 아니겠어? 이게 무슨 뜻이지?" 그때 한 군인이 이야기합니다. "그것은 요아스의 아들 기드온의 칼에 우리 미디

안 진영을 넘겨준다는 뜻이야." 이미 하나님께서 다 싸워서 승리해 놓은 것을 듣고 보게 하십니다. 그래서 기드온의 두려움을 없앨 수 있었습니다. 그 당시에는 성경이 없었기 때문에 직접 귀로 보고 듣게 해서 일을 하셨지만, 요즈음은 하나님께서 먼저 행하신 일들을 성경에 다 기록해 있기 때문에 성경을 읽고 믿으면 됩니다.

성경에 보면 하나님이 먼저 가서 이루어 주신 일들을 우리는 볼 수 있습니다. 이 말씀을 믿을 때에 우리는 어떤 두려움도 극복할 수 있습니다. 가끔 사경을 헤매는 성도님께서 이 부족한 사람에게 전화를 하실 때가 있습니다. "지금 죽을병이 걸려서 어려운 형편인데 목사님이 와서 기도 좀 해주세요." 사실 능력 있는 교역자들이 많이 있지만 의사도 못 고치겠다고 하는 병자를 나 같은 부족한 사람에게 이 마지막 순간을 위한 기도해 달라는데 너무 부끄럽습니다. 그러나 그저 순종하는 마음으로 시편 23편 4절 "내가 사망의 음침한 골짜기로 다닐지라도 해를 두려워하지 않을 것은 주께서 나와 함께 하심이라

주의 지팡이와 막대기가 나를 안위하시나이다"라는 말씀을 읽고 같이 묵상하며 환자의 손을 잡고 기도할 때에 아침 햇살에 안개가 걷히듯이 죽음을 헤매는 환자의 손이 따뜻해짐을 느끼곤 합니다.

저도 맹인 선교를 하면서 큰 어려움과 두려움을 겪을 때가 있습니다. 그럴 때마다 먼저 행하신 하나님의 말씀을 붙잡고 마음속의 두려움을 극복하며 오늘도 내일도 승리하는 삶을 살아가고 있습니다. 말씀을 믿고 순종하며 기도로 우리 마음속의 두려움을 제거하며 성령으로 살아가는 우리 모두가 되기를 예수님의 이름으로 부탁을 드립니다.

두려워하지 말라 내가 너와 함께 함이라 놀라지 말라 나는 네 하나님이 됨이라 내가 너를 굳세게 하리라 참으로 너를 도와주리라 참으로 나의 의로운 오른손으로 너를 붙들리라 **사 41:10**

두려워하여 하나님을 잃는 사람들이 있는가 하면 어떤 사람들은 두려워하다가 하나님을 발견한다. **파스칼**

만남의
중요성

　사람이 이 세상에 태어나서 사는 동안 만남은 굉장히 중요합니다. 두 사람이 만나 부부가 되면 사돈, 시댁, 외삼촌, 조카, 삼촌 등의 관계에 들어가게 됩니다. 아무리 멋지고 좋은 사람이라도 배우자를 잘못 만나면 어려움이 많습니다. 누구를 만나는지가 중요합니다. 무엇보다도 우리는 이 세상을 살아갈 동안 예수를 만나야 합니다.

　만남을 통해서 인류의 역사는 이루어져 갑니다. 노아는 하나님을 만남으로 세상이 다 멸망당할 때에 여덟 식구와 더불어 보호를 받을 수가 있었습니다. 여러분은 예수님을 만나서 어떠한 변화된 삶을 살고 계십니까? 존 뉴턴 목사님은 찬송가 405장을 지으신 분으로 잘 알려지신 분입니다. 여러분, 본래 그분은 목사님이 아니셨습니다. 아프리카에서 흑인 사냥을 해서 노예시장에 파는 노예선 선장이었습니다. 참으로 어두움 속에서 살던 악한 사람이었습니다.

그러던 그가 누구를 만나 인생이 변화되었습니까? 바로 예수님을 만났습니다. 존 뉴턴은 목사가 되어 목회를 하면서 예수님께 더 가까이 갈수록 깊고 놀라운 은혜의 체험을 하였습니다. 그가 쓴 찬송이 405장 아닙니까? "나 같은 죄인 살리신 주 은혜 놀라워 잃었던 생명 찾았고 광명을 얻었네"라고 했습니다. 누구를 만나느냐에 따라서 변화가 일어납니다. 그는 예수를 만나 깨달아졌습니다. 잃었던 생명을 찾았다고 고백합니다. 이 생명이라는 것은 영과 육이 나뉘어져 있습니다. 육은 영혼이 떠나면 끝나는 겁니다. 그가 예수님을 만나기 전에 영혼이 말라 버렸기 때문에 살았으나 죽은 몸이었습니다. 그가 예수를 만나 영혼이 살게 되어 생명이 살았다는 것입니다. 또 광명을 얻었다고 했습니다. 영어로는 'I was blind but now I see'입니다. '내가 전에 맹인이었는데 예수를 만나 눈을 떴다'는 뜻입니다. '눈을 뜬다'는 의미를 이해 못하시는 분들이 계십니다. 우리가 예수를 믿으면 영의 눈이 열리고 새로운 세계를 경험하게 됩니다. 이것은 어둠에서 빛의 세계로 옮겨지는 놀라운 체험입니다.

제 부친께서는 경북 춘양이라는 곳에서 목회를 하셨습니다. 그곳은 한국의 시베리아라고 합니다. 겨울이면 무척 춥습니다. 제가 학생 시절, 아버님이 계신 곳에 가 있다가 하룻밤 자고 일어나니까 창문에 허옇게 성애가 얼어서 밖이 보이질 않습니다. 그래서 손가락으로 성애를 긁어내니까 밖을 볼 수가 있었습니다.

지금 생각하면 '아, 바로 이것이 눈을 뜨는 것이구나'라는 생각이 듭니다. 우리는 왜 하나님을 보지 못합니까? 하나님은 죄와 관계없는 분인데 인간이 죄를 지어서 하나님과 인간 사이가 막혔습니다. 하나님을 못 보는 겁니다. 하나님을 모르는 영적 맹인 상태가 되었습니다. 따라서 우리의 죄를 회개하고 하나님과의 만남이 이루어지는 것이 '눈이 열린다'는 뜻입니다. 눈(시각)은 세 가지 종류가 있습니다. '육신의 눈'(sight of the animals), '지적인 눈'(intellectual sight), '영혼의 눈'(spiritual sight)이 있습니다.

육신의 눈은 사물을 보는 눈입니다. 지적인 눈은 이해하고 생각하는 눈입니다. 그리고 영혼의 눈은 직관하는 눈입니다. 영혼의 눈이란 바로 그 절대자를 볼 수 있고 만나는 눈입니다. 그리하여 구원을 얻는 눈입니다. 그러나 그 영혼의 눈은 저절로 개안이 이루어질 수가 없습니다. 그것은 먼저 땅 위에 생명을 얻어 난 자로서의 인간의 소명과 그 소명의 자리를 찾아 행함 가운데서 이루어지는 것입니다.

제가 요즈음 코로나 바이러스 유행 때문에 답답하기도 하여 가까운 공원에 안내자의 손을 잡고 산책을 나간 적 있습니다. 안내자가 상대편에서 맹인 노인이 안내를 받아 걸어오고 있다고 알려 주었습니다. 만나게 해달라고 부탁하여 맹인 노인을 만나게 되었습니다. "어르신, 안녕하세요. 저도 맹인입니다. 혹시 예수 믿으세요?"라고 말을 걸었습니다. 노인은 "예수가 누구요? 나는 그런 거 몰라"라고 하셨습니다. 그래서 저도 맹인 되고 예수를 믿고 목사가 되어서 목회를 하고 있는데 우리 다음 주일부터 교회생활을 합시다 했더니 어르신 하시는 말씀이 "다 잃었는데, 눈도 잃었는데, 직장, 명예 다 잃어버렸는데, 나같이 눈감고 앉아서 뭘 듣겠다고 앉아 있겠어요" 그러셨습니다. 그래서 "어르신, 다 잃었어도 아직 안 잃은 게 있어요" 했더니, "내가 뭐가 안 잃은 게 있다구요?" 하십니다. "예, 천국은 아직 어르신의 것입니다. 다 잃었어도. 천국을 잃으시면 안 됩니다. 천국의 복을 누리시기 바랍니다." 제가 그렇게 전도한 적이 있습니다.

그렇습니다. 우리는 이 땅의 소망과 물질, 그리고 명예를 다 잃었어도 영원한 천국은 우리의 것입니다. 우리 예수님을 만나 영원한 소망의 집 천국을 소유하는 복된 가정 되시기를 주님의 이름으로 부탁드립니다.

우리가 천국을 갈망하지 않는다고 생각했던 때도 있었다. 그러나 나는 천국 아닌 다른 것을 우리가 갈망한 적이 있는지 그것이 더욱 의심스러웠다. 각 사람의 영혼에는 표현할 수도 만족시킬 수도 없는 욕구가 있다.

C. S. 루이스

영원한 시작자이신
하나님

그의 마음의 소원을 들어 주셨으며 그의 입술의 요구
를 거절하지 아니하셨나이다 셀라 **시편 21:2**

어느 부인이 임신을 했습니다. 이미 7남매를 낳
았는데 셋은 청각장애인, 셋은 시각장애인, 나머지
하나는 지적장애인이었습니다. 또 임신을 하니 주
위에서는 '낳아 봤자 또 장애인일 텐데 그냥 지워버
리지 그러냐'고 야단입니다. 그러나 하나님이 허락
하신 생명이므로 출산을 했습니다. 그가 누구입니
까? 저 유명한 악성(樂聖) 베토벤입니다. 베토벤은 세
계 음악에 큰 영향을 미쳤습니다. 하나님은 인간적

으로 부족한 것도 새로운 시작으로 변화시켜 주는 분이십니다.

어거스틴은 그의 《고백록》에서 "하나님께서 나에게 새로운 시작을 만들어 가실 수 있다는 것을 깨달은 순간부터 나의 새로운 시작은 시작되었다"라고 하였습니다. 토마스 아 켐피스도 비슷한 말씀을 하셨습니다. "불행합니까? 당신을 향한 하나님의 섭리와 경륜이 깨달아지는 순간에 불행이 행복으로 바뀔 것입니다." 불행이 문제가 아니라 깨닫는 순간이 중요합니다. 깨달아지는 순간에 우리는 새로운 시작의 하나님을 만나게 되고 우리의 인생은 새로운 단계에 들어갑니다. 예수님의 능력과 권위와 사랑을 깨닫게 되는 순간에는 우리의 인생에 새로운 시작이 전개됩니다.

성경에도 새로운 시작을 보여 주는 분이 많이 있습니다. 요나 선지자를 생각해 볼 수 있습니다. 요나는 하나님으로부터 "니느웨 성에 가서 복음을 전하라"는 사명을 받았으나 니느웨에 가기 싫었습니다. 이방 나라가 회개하고 구원받는 것이 싫어서 욥

바에서 다시스로 가는 배를 타고 도망갔습니다. 하나님이 가만 계시겠습니까요? 사랑의 매를 드셨습니다. 풍랑을 일으켜서 그 배를 흔들어 놨습니다. 배에 탄 사람들은 풍랑의 원인이 되는 자를 찾으려고 제비를 뽑았습니다. 요나가 뽑혔습니다. 그때 요나가 "나의 연고인 줄을 내가 아노라 나를 바다에 던지면 분명히 잠잠해질 것입니다"라고 말했습니다. 사람들이 요나를 바다에 내던졌습니다. 사랑의 매를 드신 하나님께서 예비하신 큰 물고기를 그 앞으로 지나가게 해서 던져진 요나를 삼킵니다. 요나는 컴컴한 어둠 속에 갇히게 되었습니다. 요나는 큰 물고기 배 속에서 간절히 기도하며 회개했습니다. "나는 죄인입니다. 내가 잘못했습니다. 다시 한 번만 살려 주시면 순종하여 언제든지 복음을 전하겠습니다."

요나를 삼킨 큰 물고기가 얼마나 아팠겠습니까? '아이고, 사람을 삼켰더니 배가 무척 아프네.' 큰 물고기는 요나를 육지 위에 뱉어 버렸습니다. 요나는 니느웨로 가서 회개하라고 외쳤습니다. 하나님의 성령이 역사하셨습니다. 임금이 회개하고 온 백성이 회개하였습니다.

저도 하나님 말씀 거역하고, 하나님 없다고 써 붙이고 반항하다가 큰 물고기 배 속에 들어간 것처럼 깜깜한 맹인이 되었습니다. 회개하고 외칠 때에 하나님께서 불쌍히 여기셔서 너와 함께하겠다고 말씀으로 일으켜 주셔서 이 자리에 작은 종으로까지 세워지도록 축복해 주셨습니다. 지금도 혹시 큰 물고기 배 속에 갇힌 것처럼 깜깜한 세계에 살고 계신 분이 계십니까? 하나님께 부르짖으시기 바랍니다. "나는 죄인이로소이다. 잘못 살아왔습니다. 하나님이 보내신 일을 이뤄드리는 기뻐하시는 일을 이뤄드리는 복음의 일꾼으로 나를 사용해 주십시오." 이렇게 기도하시기 바랍니다. 회개하고 간구하시기 바랍니다.

우리 하나님은 여러분이 건강하고 돈 잘 벌고 잘나갈 때보다도 오히려 건강이 나빠지고 세상적으로 실패하고 어려움 당하고 있을 때 더욱 귀히 여기십니다. 이것이 세상 사랑과 하나님 사랑의 차이점입니다. 주님이 내 마음에 임할 때에 눈물과 슬픔은 사라지고 새로운 기쁨이 솟아납니다. 왜냐하면 예수님이 언제나 새로운 시작이 되어 주시기 때문입니다.

우리 위해 십자가에서 죽으시고 사흘 만에 다시 살아나신 주님은 우리를 다시 시작하게 해주셨습니다. 부활장이라고 불리는 고린도전서 15장을 보면, 부활이 없다면 아무런 소망이 없습니다. 그러나 주님은 사흘 만에 다시 살아나셔서 새로운 시작이 되신 분입니다.

예수님의 제자들을 봐도 알 수 있습니다. 베드로는 본래 고기 잡는 어부입니다. 게바('반석'), 즉 베드로는 사도가 되었습니다. 바울은 예수 믿는 사람을 핍박하던 사람이지만 부활하신 주님을 만난 후 복음을 전하는 사도가 되었습니다. 오네시모는 도둑이었지만 예수를 만나 복음의 사역자로 쓰임을 받았습니다. 사도 요한은 로마 황제의 핍박 때문에 밧모섬으로 유배당했는데 하나님의 계시가 임해서 요한계시록을 썼습니다. 세리장 삭개오는 예수님을 만난 후, 그가 속여서 빼앗은 것을 네 배나 갚겠다고 했습니다. 전해 내려오는 이야기에 따르면 삭개오는 초대교회의 훌륭한 일꾼이 되었습니다. 예수님을 만나면 다 새로운 시작을 할 수 있습니다. 왜 그렇습니까? 예수님은 '영원한 시작자'이기 때문입니다.

　　여러분, 미국 사람들은 'hate'(미워하다)라는 말을 잘 쓰지 않습니다. '싫어', '미워' 대신에 'I'm not favorite.'(나는 좋아하지 않아)이라고 표현합니다. '좋아하지 않아'와 '싫어, 미워'는 하늘과 땅 차이입니다. 그들의 마음에는 '좋아한다'(I like), '사랑한다'(I love)라고 표현하는 품성이 심겨져 있습니다. 우리도 이런 마음을 가지고 일을 할 때 하나님께서 축복해 주십니다.

　　우리는 모두 소원을 가져야 됩니다. 오늘 시편 본문 말씀에 "그의 마음의 소원을 들어 주셨으며 그의 입술의 요구를 거절하지 아니하셨나이다"(시편 21:2)라고 약속하고 계십니다. 하나님이 기뻐하는 방법으로 우리 소원을 놓고 기도하면 하나님이 이뤄 주십니다.

　　영국에 '고아들의 아버지' 조지 뮬러 목사님이

계셨는데, 그분은 기도 응답의 체험이 많은 분이십니다. 고아원을 세우고 5천 명의 고아를 돌보셨습니다. 그런데 나라에 불황이 오고 국가 보조도 끊어지고 후원자도 없어서 고아들이 심한 어려움을 당하게 되었습니다. 어느 날 영양사가 "목사님, 빵이 다 떨어졌어요. 내일 아침 아이들에게 줄 빵이 없어요. 애들이 굶을 수밖에 없습니다. 어떡하면 좋죠?" 조지 뮬러는 "그래, 기도하자. 내가 기도실에 가 기도할 테니 하나님이 어떤 역사를 일으키시는지 우리 기다려 보자"라고 기도실로 들어갔습니다. 그런데 엄청난 사건이 생겼습니다. 빵을 싣고 가는 트럭이 언덕을 넘을 때 평소에는 오른쪽 길로 다녔는데 그날따라 기사의 마음속에 왼쪽으로 가고 싶은 마음이 들었습니다. 가는 도중에 바퀴에 펑크가 났습니다. 차에서 내려 잭으로 차를 들어 올려 힘들게 타이어를 갈아 끼우고 출발하려는데 목이 말랐습니다. 어디서 물 한 모금 얻어먹을까 둘러보니까 앞에 집이 있어서 얻어먹고 나오는데 갑자기 어린애들이 쏟아져 나오는 겁니다. "아저씨, 배고파요. 오늘 아침 못 먹었어요. 빵 하나만 주세요." 그러는 거예요. 그때 재활교사가 사실을 이야기했어요. "사실은 이러저러해서 애들이 아침을 굶었어요." 그 말을 듣고 이 기사에게 성령님께서 뜨거운 마음을 주셨어요. "나는 크리스천입니다. 우리 사장님도 크리스천입니다. 하나님이 허락하실 거예요. 이 차에 있는 모든 빵을 다 내리십시오. 애들에게 먹이십시오." 그래서 아이들이 아침을 먹을 수 있었습니다. 그때 조지 뮬러 목사님은 그 순간이 언제인지 생각해 보았습니다. 자신이 기도하던 그 시간에 펑크가 난 겁니다. 하나님이 때를 맞춰 일을 하신 겁니다. 하나님은 일 하시는 분이시고 언제나 새로운 시작을 창조하시는 분이십니다.

부족한 종 간증 하나 더 하겠습니다. 우리가 미아리에 있다가 어려움을 많이 겪고 방배동 지금 소재지로 옮기게 되었습니다. 그때 한국 경제 사정도 어렵고 다 힘들어서 또 제가 부족해서 후원자들의 손길이 많이 끊어지고 어려워졌습니다. 수고하는 직원들 사례비도 못 드리고 식구들 생활 어렵게 살았는데, 어쨌든 간에 부족하지만 제가 가장이니까, 가장의 역할을 해야 하니까, 그래서 늘 기도하는 수밖에 없습니다. 그날도 저는 사무실에서 제 방에 앉아 하나님 앞에 간절히 기도하고 있었습니다. 그런데 우리 사무실 앞을 지나가던 어느 장로님 차가 좋은 차인데 펑크가 났습니다. 이상합니다. 기사가 내려서 잭을 올려 타이어를 갈아 끼우고 한참 작업을 하는데 시간이 걸리잖아요. 밖을 보니까 새빛맹인 교회 간판이 있더랍니다. "어, 이곳이 안요한 목사님 교회 아니야! 계시면 잠깐 뵙고 가자" 하고 제 방을 찾아들어 오셨습니다. 제가 기도를 마치고 눈을 떠서 장로님과 마주앉아 이런 얘기 저런 얘기 하다가 "목사님, 성령께서 제 안에 있는 이 봉투를 목사님께 드리고 가라고 합니다. 내가 드리는 게 아닙니다. 주님께서 드리는 겁니다. 좋은 일에 사용하시기 바랍니다. 제가 사실 어디 계약하러 가는데, 다른 날 가도 되고, 오늘은 사용하십시오." 하고 놓고 가는 겁니다. 그래 직원들 월급도 주고 우리 생활비에 도움이 되었습니다. 그리고 우리 직원들은 직원 예배드릴 때마다 "하나님, 오늘도 적당히 꼼꼼하시옵소서" 이렇게 기도하곤 한답니다.

여러분, 영원의 시작이신 하나님, 필요를 따라 채워 주시고 새로운 영원의 시작이신 주님이십니다. 우리의 기도를 들어주십니다. 제가 이 말씀을 꼭 드리고 싶습니다. 감리교 창시자이신 존 웨슬리 목사님이 어느 날 백마를 타고 기도하러 교회에 왔습니다. 그런데 교회 앞에서 어느 청년이 목사님의 백마를 보고 너무 좋아하고 쓰다듬고 그래요. "이 백마 좋아하니?" "어유, 좋죠." "그럼 내가 너한테 줄 수 있어." "저요?" "너 성전에 가서 5분만 간절히 네 소원을 놓고 기도해. 5분간 기도하고 내려오면 내가 이 말을 너한테 줄게." "정말이에요?" "정말이지!" 올라가서 열심히 기도를 했습니다. 그런데 5분 뒤에 오라고 했더니 1분 조금 지나자마자 내려왔습니다. 그러면서 하는 이야기가 "목사님, 그 말안장도 같이 주는 거죠?" 결국 백마를 못 받았습니다.

우리가 마음의 소원을 놓고 간절히, 진심으로, 오직 주님의 이름으로 기도하면 하나님은 우리의 간구를 거절치 않는다고 약속하셨습니다. '영원한 시작자'이신 주님 앞에 모두 다 기도하고 응답받는 복된 성도가 되기를 주님의 이름으로 축원합니다.

모든 기도는 하나님의 결재 서류에 계속 놓여진다. 내가 해야 할 일은 하나님께 넘쳐날 정도로 간구하고 나서 그분의 응답을 받아들이는 신뢰를 그분께 드리는 것이다. **필립 얀시**

Thank you

'Thank you'라는 말은 다 압니다. 'thank'(감사하다)라는 단어의 어원은 'think'(생각하다)라고 합니다. 가만히 하나님의 은혜를 생각해 보시기 바랍니다. 우리는 감사할 수밖에 없습니다. 우리가 가만히 하나님의 은혜를 생각할 때 그저 관념적으로 감사하는 것이 아니라 정말 하나님께 영광 돌리는 감사의 기도로 감사해야 합니다.

그래서 우리는 늘 'think'를 많이 해야 합니다. 하나님이 내려준 은혜와 축복을 많이 'think'(생각)해야 합니다. 우리 복음송에도 이런 가사가 있습니다. "지나온 모든 세월들 돌아보아도 그 어느 것 하나 주의 손길 안 미친 것 전혀 없네." 돌아보며 생각하면 다 감사한 것뿐입니다.

누가복음 2장에 선지자 안나가 나옵니다. 안나는 결혼 7년 만에 남편을 잃었습니다. 얼마나 힘들고 마음이 아팠겠습니까? 그러나 원망하는 삶을 살지 않았습니다. 안나는 84세가 되기까지 성전에서 금식하고 기도하며 메시아를 기다렸습니다(눅 2:37). 안나는 하나님의 약속의 성취를 기다리고 있었습니다. 외롭고 가난한 마음을 하나님께 올려드리면서 메시아이신 구세주의 탄생을 기다려 왔던 사람입니다. 안나는 사람들에게 그 아이(예수)에 관해 말했습니다. 일찍 남편을 잃었지만, 메시아 소망 가운데 살면서 큰 복을 받은 여인입니다.

원망하면 모든 것을 다 잃어버립니다. 그러나 감사하면서 살면 하나님이 축복해주시고 채워 주십니다. 창세기를 보면, 하나님께서 아름다운 에덴동산을 창조하시고 아담을 부르셨습니다. 아담에게 동산을 주시고 다스리게 하셨습니다. "아담아, 이 동산을 다 가져라." 아담에게 거저 다 주셨습니다. 그런데 하나님께서는 동산 중앙에 있는 나무 한 그루에 관해 특별한 말씀을 하셨습니다. 그것은 선악을 알게 하는 나무였습니다. "아담아, 이 나무의 실과는 절대로 먹지 말아라." "하나님, 걱정하지 마세요. 이 아름다운 동산에 많은 과일이 있는데 그 실과는 안 먹어도 됩니다. 걱정하지 마세요!"

그러나 사탄의 유혹에 넘어간 아담과 하와는 그 실과를 먹습니다. 사탄은 그 실과를 먹으면 눈이 밝아져서 하나님과 동등하게 될 수 있다는 거짓말을 했습니다. 사탄은 예나 지금이나 거짓말로 우리를 미혹합니다. 하나님을 불신하는 마음이나 불평의 마음을 사람들의 마음에 넣으려고 합니다. 하나님과 동등한 자리에 이르려는 욕심에 이끌린 결과는 죄요, 사망입니다. "오직 각 사람이 시험을 받는 것은 자기 욕심에 끌려 미혹됨이니 욕심이 잉태한즉 죄를 낳고 죄가 장성한즉 사망을 낳느니라"(약 1:14, 15)라고 말씀하고 있습니다.

에스더서에는 하만이라는 교만한 인물이 나옵니다. 하만은 높은 지위에 있으면서도 불평이 많았습니다. 모르드개를 죽이기 위해 세운 장대에 결국 자기가 매달려 죽었습니다. 욕심을 부리고 불평을 하다가 비참한 결말을 맞이했습니다. 반면 모르드개는 늘 생활 속에 작은 일에도 감사하고 성실하게 자기 직책을 감당하면서 에스더가 왕비가 될 수 있도록 도와주었습니다. 모르드개는 왕의 마차를 타고 다니고 왕의 정원을 거니는 많은 복을 누리고 살 수 있었습니다.

사람들이 '웰빙'에 관심이 많습니다. 무엇이 웰빙입니까? 좋은 집과 좋은 차가 있으면 웰빙입니까? 참된 웰빙은 고난과 어려움 속에서도 자족하며 사는 삶입니다. 주신 바 은혜에 감사하고 사는 삶이 웰빙이라고 믿습니다. 성경을 보면 바울이 웰빙의 삶을 살았습니다. 범사에 감사하는 삶으로 우리에게 모범을 보여 주셨습니다.

제가 새빛교회와 관련된 재미있는 간증을 하려고 합니다. 제가 미아리에서 사역을 할 때 미국으로 이민 가시는 어느 집사님이 작은 승용차를 주시고 가셨어요. 잘 사용했는데, 어느 날부터 이 차가 자기 마음대로 섰습니다. 마음 같아서는 당장 폐차시키고 싶었지만는 이것에도 하나님 뜻이 있는 것으로 알고 참고 지내고 있었습니다.

그런데 미아리 선교회 건물이 월세가 좀 밀리고 위험이 있어서 부득이 장소를 옮겨야 될 형편이 되었습니다. 하나님이 때맞춰 좋은 후원자를 만나게 해주셨습니다. 그래서 낡은 건물을 하나 구해서 전세를 얻든지 어떻게 해보려고 작은 승용차를 타고 이동하는데 다시 딱 서버렸습니다. 기사 집사님이 땀을 뻘뻘 흘리며 이것저것 만지며 고치려고 애를 쓰셨습니다. 저는 우리 차가 선 것이 하나님의 무슨 뜻이 계신 것이 아닌가 생각했습니다. '왜 하필이면 차가 여기에 섰을까? 여기가 어딘가?' 하고 밖을 내다보니까 앞에 복덕방(공인중개사 사무실)이 있었습니다. '우리 차가 복덕방 앞에 섰을 때는 여기 들어가 보라는 뜻이구나'라고 생각하고 웃으면서 복덕방에 들어갔습니다. 우리 사정을 이야기하고 알아봤더니 적당한 건물이 없다고 했습니다. 그런데 거기에 놀러왔던 이웃 복덕방 할아버지가 적당한 건물이 있다고 말했습니다. 그분의 복덕방은 지금 선교회 건물의 길 건너편에 있었습니다. 그 할아버지를 따라가 보니까 우리 기관이 사용하기에 적합한 건물이었습니다. 많이 낡은 이층집이었지만 가격이 괜찮아서 여러 가지 생각을 했습니다. '전세로 얻는 것보다 사는 게 낫겠다.' '수리하면 되겠다.' 돈이 많이 모자라 대출을 받아서 구입하게 되었는데 이 건물 밖에 이런 간판이 있었습니다. '강남지구 불교포교원.' 시흥동에 사는 한 주지승이 여기에 절을 지으려고 사놓은 부동산이었습니다. 그런데 사정이 있어서 오래 내버려 두어서 흉가가 되었습니다. 결국 주지승과 저하고 앉아서 계약을 했습니다. 불교포교원이 될 건물이 교회로 바뀌게 된 것입니다. 이렇게 하나님이 역사해 주셨습니다.

작은 승용차가 한 역할을 했고 하나님이 역사해 주셨습니다. 그래서 저는 역경 속에서도 늘 감사할 수 있습니다. 하나님은 언제나 예상 밖으로 놀랍게 일하십니다.

한 번은 이런 일이 있었습니다. 거제도에서 몇

치잡이를 하며 선교를 많이 하는 훌륭한 집사님이 계셨습니다. 하루는 전화가 왔습니다. "목사님, 요즈음 멸치가 통 잡히지 않아서 선교회비도 못 보내고 힘이 드네요. 목사님, 간절히 기도 좀 해주세요." 그래서 그 집사님이 선교할 수 있도록 하나님께 기도했습니다. 한 보름 후에 전화가 왔습니다. "할렐루야! 목사님! 하나님의 역사를 체험하게 되었어요. 요즈음은 그물만 넣으면 멸치가 너무 많이 잡혀서 너무 행복합니다." 하나님께서 멸치들을 움직여서 '야, 멸치야, 저리 가자' 그러셨던 것 같습니다. 정말 그렇습니다. 하나님은 여러 가지 방법으로 일을 하셔서 역경 중에서도 기도하며 감사할 때 새로운 체험을 하게 해주십니다.

역경 중에서도 감사하고 최선을 다하면 하나님이 하나님의 방법으로 위로하시고 역사를 이루어주십니다. 사랑하는 여러분, 'Thank you!'의 삶을 사시기 바랍니다. 'Think'(생각)하시고 'Thank'(감사)함으로 'Thank you!'의 역사가 여러분의 삶 가운데 일어나기를 주님의 이름으로 축원합니다.

사람이 얼마나 행복한가는 그의 감사함의 깊이에 달려 있다. **존 밀러**

만족은
하나님께로부터
나온다

성경의 가르침에 따르면 불만족은 불순종을 낳고, 하나님의 은혜에 만족하며 감사하는 사람은 하나님께 영광을 돌리며 축복의 길로 들어섭니다. 사도 바울도 '자족의 삶'을 가르쳤습니다. 우리의 만족은 하나님께로부터 나옵니다. 만족은 소유를 늘리는 데 있지 않고 욕심을 줄이는 데 있습니다.

여러분의 가정에 만족하십니까? 직장에 대해서, 자녀들에 대해서 만족하십니까? 하나님께 받은 축복에 대하여 만족하십니까? 저는 더 바랄 것이 없습니다. 저는 만족합니다. 욕심이 줄 때에 만족은 시작됩니다.

여러분 각자는 다 잘생기셨습니다. 그런데 더 잘생기기를 원합니다. 하나님께서 야곱에게 "너, 지렁이 같은 야곱아!"라고 말씀하셨습니다. 우리가 좀 어떤 것에 대해서 불만이 있는지는 모르겠지만 우리는 지렁이보다 잘 생겼습니다. 자신의 생김새에 대해서 불만이 있는 사람들은 오늘 지렁이 한 마리를 잡아 가지고 거울 앞에서 지렁이와 비교해 보십시오. 누가 잘났습니까? 여러분 자신은 다 잘생겼는데 더 잘생긴 사람을 보고 불만을 갖는 사람이 있습니다. 내가 좀 못생기고 부족해도 지렁이보다 잘생긴 겁니다. 이것 때문에 항상 만족할 수 있습니다. 외모에 대해 불만을 가질 이유가 하나도 없습니다.

여러분 부인에 대해서 만족하십니까? 남편에 대해서 만족하십니까? "예, 만족합니다"라고 하는 사람은 별로 안 계신 것 같습니다. 50퍼센트만 만족하면 나머지 50퍼센트는 주님의 사랑으로 메꿔 나가는 겁니다. 요즈음은 안 그렇지만, 얼마 전까지만 해도 한국 사람들은 남아선호 사상이 있어서 여자가 모자랐습니다. 초등학교에서 짝을 앉히는데 남

녀 짝꿍이 모자라서 뒷자리에는 남자 짝만 앉았다
고 합니다.

　몸의 건강도 마찬가지입니다. 어떤 분이 지하
철을 타려고 하는데 누가 발등을 꽉 찍었습니다. 놀
라서 상대를 쳐다보니까 발이 없는 사람입니다. "내
가 밟힐 발이 있는 게 참 감사하다"라고 생각했다고
합니다. 하나님이 아담과 하와를 불러서 "너희 동산
다 가져. 그러나 요 나무는 내 꺼니까 건드리지 마!"
하셨습니다. 하나님께서 다 줬는데 그 나무 하나가
문제였습니다. 사탄이 와서 속이는 바람에 불만을
가졌고, 결국 에덴동산에서 쫓겨났습니다. 그래서
우리가 타락한 세상 가운데 문제를 가지고 살고 있
습니다.

　만족은 나의 욕구가 채워지는 데 있지 않고 한
단계를 줄이는 데 있습니다. 만족은 자족하는 데 있
지 충족하는 데 있지 않습니다. 빌립보서 4장 12절
에 보면, 사도 바울의 고백이 나와요. "나는 비천에
처할 줄도 알고 풍부에 처할 줄도 알아 모든 일 곧
배부름과 배고픔과 풍부와 궁핍에도 처할 줄 아는

일체의 비결을 배웠노라." 귀한 고백의 말씀입니다.

사람들은 뭔가 좀 채워지지 못하면 낙심을 하고 불만을 갖습니다. 면류관을 받아쓰는 영광도 알아야 되지만 십자가를 지는 비천도 알아야 합니다. 아담과 하와는 조그만 불만 때문에 원죄를 졌지만 예수님은 순종함으로 인류 구원의 영광을 이루셨습니다. 그래서 우리가 잘되었을 때도 교만하지 않고 안 되었을 때도 낙망하지 말아야 합니다.

자녀가 성적표를 가져왔는데 A가 넷이고 B가 하나입니다. 자녀를 불러다가 이왕 맞으려면 스트레이트로 전부 A를 맞지 웬 B가 있어 꾸짖었습니다. 그러자 자녀가 "그래도 A가 더 많잖아요. B는 하나뿐이잖아요. 그래도 어떤 애들은 전부 B를 받거나 A가 하나뿐이 없고 그러는데 나는 A가 더 많잖아요." 그러니까 부모가 "야! 너 그렇게 B 받으라고 비싸게 공부시켜 준 줄 알아"라고 말하며 꾸짖었어요. 이것은 1등 병입니다. 이 나라에 아주 세계적으로 유명한 축구선수가 있습니다. 성적표를 가져왔는데, 부모가 보니까 전부 D입니다. 그런데 맨 아래 C가 하나 있습니다. "너 참 잘 했다. 너 어떻게 C까지 맞냐!"라고 칭찬을 했습니다. 그 과목은 체육이었습니다. '아, 내가 체육을 잘하는가 보다.' 열심히 운동을 했습니다. 그 후 그는 우리나라의 유명한 축구선수가 되었습니다. 미국 부모들은 자녀 교육을 잘 시키는 것 같습니다. 성적표를 가져오면 "잘했다"라고 자녀의 사기를 올려줍니다. 이러한 격려는 자족하는 마음에서 나옵니다.

제가 일본 집회 기간 중에 들은 이야기입니다. 일본 교회에서 집사가 되려면 최소한 1년 이상 화장실 청소를 해야 한다고 합니다. 집사 되기가 힘듭니다. 그래서 그분들은 교회는 작지만 열 명 이상만 되면 교회를 유지할 수 있습니다. 그런데 한국 교회는 말로는 섬김을 말하지만 군림하기를 좋아합니다. 섬기는 사람은 실패한 사람으로 여기는 경우가 있습니다. 그것은 자족의 신앙이 없어서 그렇습니다. 항상 채워줘야만 만족하는 상태에서 벗어나 우리는 진실한 섬김을 배우는 자리로 나아가야 합니다.

하나님의 은혜에 만족하는 사람은 하나님의 축

복을 받습니다. 감사는 축복으로 가는 통로가 될 수 있습니다. 사사기에 보면 기드온의 아들 중 아비멜렉은 명예욕이 많았습니다. 그래서 아비멜렉은 친족을 동원하여 형제들을 죽이고 스스로 왕이 되었습니다. 그때 유일하게 살아남은 기드온의 막내아들 요담이 나타났습니다. 죽음의 위기를 겨우 벗어난 요담은 세겜 남쪽에 있는 그리심 산에 올라가 아비멜렉을 왕으로 세운 세겜 사람들을 향해 우화를 외쳤습니다. 모든 나무가 감람나무, 무화과나무, 포도나무에게 각각 찾아가 왕이 되라고 간청하지만, 그 나무들은 저마다 가지고 있는 열매를 버릴 수 없다고 고사했습니다. 할 수 없이 가시나무를 찾아갔습니다. "가시나무여, 우리들의 왕이 되어 주십시오." 가시나무가 말했습니다. "당연하지 나 이외에는 누가 왕이 될 수가 있어. 나는 왕이야." 가시나무는 아비멜렉을 가리킵니다(삿 9:8-15). 아비멜렉이 나중에 어떻게 되었습니까? 비참하게 생애를 마치고 말았습니다. 자족할 줄 모르고 감사할 줄 모르면 끝이 좋지 않습니다.

어느 가정에서 남편이 부인에게 코트를 하나 사 주려고 백화점에 갔습니다. 그런데 너무 비싸고 그러니까 중고 매장을 찾아가서 색깔도 좋고 사이즈도 맞고 몸매도 맞아서 사게 되었습니다. 부인이 집에 들어가서 샐쭉해 가지고 "여보, 남자가 쩨쩨하게 중고 코트를 사 줘?" 그러자 남편이 "뭐, 내가 쩨쩨하다고! 네가 쩨쩨하니까 쩨쩨하게 보이는 거지!"라고 대꾸했습니다. 그러니까 여자가 "뭐라고?" 하면서 쩨쩨한 남편, 쩨쩨한 아내 사이에 말이 오고가다가 업그레이드되어 3차전이 벌어졌습니다. "그래, 안 살아." "나도 안 살아." 그래서 이혼했다는 이야기가 있습니다.

다른 남편의 경우를 이야기해 보겠습니다. 코트를 사 가지고 왔는데, 보기에도 짧은 것 같아서 딴 걸로 바꿔 줄까 했더니 아내가 하는 말이 "아니에요, 여보. 감도 좋고 색상도 좋으니까……. 아, 생각이 났어요. 우리 침대 커버가 낡았잖아요. 침대커버를 만들면 되겠어요." "그러면 침대 커버는?" "침대 커버는 베갯잇을 만들면 좋겠어요. 그리고 베갯잇은 책상보로 사용하면 되겠어요." 낡은 코트 하나가 온 집안을 새것으로 만들어 놨습니다.

작은 일에 불평하는 사람과 작은 일에 감사하는 사람들의 차이입니다. 하나님께 대하여 항상 감사하고 적은 일에 감사하면 더 큰 축복 주시고 더 좋은 일로 열어 주십니다. 항상 우리 생활 속에 늘 감사하고 자족함으로써 축복받고 하나님께 영광 돌리는 복된 삶이 되시기를 축원합니다.

만족하며 살고 때때로 웃으며, 많이 사랑한 사람이 성공한다. **윌리 휴엘**

하나님 앞에
큰 자

그런즉 심는 이나 물주는 이는 아무 것도 아니로되 오
직 자라게 하시는 이는 하나님뿐이니라 **고전 3:7**

오늘날 인간이 하는 일은 자꾸 커지고 넓어지
지만 하나님의 일은 자꾸 작아지고 좁아져 가고 있
습니다. 요즈음 '5G', 'AI', '바이오산업' 같은 말들을
자주 접합니다. 생각해 보면 인간은 위대하고 큰일
을 많이 했습니다. 컴퓨터와 스마트폰을 만들었습
니다. 이제는 인간복제까지 이야기합니다. 그런데
그것을 만들 수 있고 할 수 있도록 두뇌를 주신 분은
누구십니까? 창조주 하나님이십니다. 그런데 사람

들이 하나님의 크고 위대하심을 깨닫지 못하고 있다는 사실이 비극입니다.

요즈음 강대국은 특히 우주개발 경쟁을 하고 있습니다. 화성, 달, 토성, 목성 수많은 행성들이 모여서 은하계를 이루는데, 또 이런 은하계가 우주에는 헤아릴 수 없이 많다고 합니다. 화성, 목성, 토성, 금성은 하나님이 만드신 우주에 비하면 한 알의 모래에 불과합니다. 하나님이 하신 일 중에 모래 하나를 탐사한 것을 가지고 큰일을 했다고 자랑을 합니다. 하나님이 보시기에 참으로 가소로운 일입니다.

어떤 백만장자는 큰돈을 들여 우주여행을 계획합니다. 그런데 우리가 천국에 가려면 얼마를 주어야 합니까? 공짜입니다. 믿음만 있으면 됩니다. 우주를 창조하신 하나님 앞에 우리는 오직 영광과 감사를 드릴 수밖에 없습니다.

예수님은 천국에서 누가 제일 큰 자인지를 가르쳐 주셨습니다. 예수님은 어린아이 하나를 데리고 와서 "어린아이와 같지 아니하면 천국에 들어갈 수 없다. 그리고 자기를 낮추는 자가 천국에서는 큰 자다"라고 가르쳐 주셨습니다. 세상에 살면서 하나님을 높이고 사는 사람이 큰 사람이고, 하나님을 멸시하고 자기를 높이는 자가 가장 작은 자입니다. 이세상에서 큰 자와 하나님 나라에서 큰 자는 완전히 다릅니다. 저도 자랄 때 그랬지만, 이 세상에서 아버지보다 큰 분은 없습니다. 제가 초등학교 한 2, 3학년 시절에 장충동에 살았습니다. 그때 아버지와 함께 이발소를 가는데 그때는 아랫동네, 윗동네가 사이가 좋지 못해서 서로 원수처럼 싸우고 지냈습니다. 그런데 이발소를 가는데 아랫동네에 5, 6학년 되는 형이 있었습니다. 평소에 저를 굉장히 괴롭혔습니다. 그 형이 이발소를 가는 길에 서 있었습니다. 그래서 제가 달려가서 엉덩이를 발로 걷어찼습니다. 그러고는 아버지한테 달려왔습니다. 그 형이 나를 해칠 것 같은데 내가 아버지 손을 딱 붙잡고 있으니까 아버지를 보고 꼼짝 못하는 겁니다. 아버지가 최고인데, 점점 나이가 들면서 컴퓨터 좀 배우고 뭘 좀 배웠다고 부모들을 경시하는 경우가 적지 않습니다.

우리에게 하나님이 많은 것을 이루어 주셨습니다. 그런데 작은 것 하나 부족하다고 하나님을 불신하고 원망하는 분이 있습니다. 하루는 유명한 우주 개발 과학자가 유명 인사들을 모시고 강연을 했습니다. "우리가 사는 이 지구는 조그만 촌입니다. 촌 마을에 불과합니다. 저 넓은 우주를 개발해 나가야 되는데 우주 개발에 대한 계획과 꿈을 가지고 있는 사람은 바로 납니다"라고 말했습니다. 자신만만하게 강연을 마치고 내려왔습니다. 그 자리에 있던 크리스천 친구가 이렇게 말했습니다. "자네 오늘 강연을 잘한 것 같은데 실수를 했네." "내가 무슨 실수를 했는데?" "자네에게 그러한 큰 계획과 꿈을 가질 수 있도록 만들어 주신 부모에 대해선 한 마디 말도 없었어. 자네 부모가 안 계셨다면 어떻게 자네 같은 아들을 낳을 수 있었어? 안 그래?" "맞네. 자네 말이 맞네. 내가 실수를 했네." 친구는 계속해서 이렇게 말했습니다. "그것은 아무것도 아닐세. 자네는 그보다 더 큰 실수를 또 하나 했네." "아니, 더 큰 실수라니?" "부모를 만들어 주신 분이 누구야? 하나님이야. 하나님이 안 만들어주셨다면 자네 부모가 자네를 낳을 수 있었겠냐 말이야." 원래 머리가 좋고 배우신 분들은 잘 깨닫는 지혜가 있습니다. 그 과학자는 친구의 말뜻을 이해했습니다. 그는 친구를 통해 하나님의 은혜를 깨닫고 크리스천이 되었다고 합니다.

사도 바울은 언제나 주님을 높이는 삶을 살려고 했습니다. 하나님은 바울을 대사도로 사용하셨습니다. 고린도전서 3장 7절에 보면 심는 자와 물 주는 자는 아무것도 아니로되, 자라게 하시는 이는 하나님뿐이라고 했습니다. 따라서 우리들의 삶 속에 하나님을 높이고 사는 것이 중요합니다. 사람이 아무리 많은 일을 한다고 해도 하나님이 하신 일에 비하면 점 하나에 불과합니다. 우리는 어떤 경우에도 겸손한 자리를 지켜야 합니다.

제가 알고 있는 공군 군목님의 이야기입니다. 그분이 한 번은 외국을 나가는데 Y클래스 뒷자리에 앉아 있었습니다. 그 비행기 기장 되시는 분이 좌석을 왔다 갔다 하시다가 자기 앞으로 와서 몸을 굽히고 "목사님 아니십니까?"라고 해서 "그렇다" 하니까, 공군사관학교에 계시지 않았냐고 물어보아서 또 "그렇다" 했습니다. 그러자 그분이 하시는 말씀이 "그렇죠, 제가 공사 다닐 때에 목사님한테 큰 은혜를 받고 예수를 믿고 그 이후에 전투기 조종사를 하다가 제대하고 이 비행기에 기장으로 근무하고 있습니다. 그때 받은 은혜가 너무 크고 감사합니다. 제가 잠시 뒤에 연락을 드리겠습니다." 그 후 스튜어디스가 와서 기장님이 목사님을 맨 앞자리로 모시라고 했다고 알려주었습니다. 조금 후에는 목사님을 조정실로 안내해 주었습니다. 안으로 들어가니까 기장, 부기장, 항해사가 앉아 있는데 기장이 자기 옆에 푹신한 의자에 앉으시라고 권했습니다. 자기는 이 비행기를 위해서 아무것도 한 것이 없는데 기장 한 분을 아니까 큰 대접을 받았다고 했습니다.

우리는 세상을 살면서 별로 아는 사람 없습니다. 그런데 세상에서 알아주는 사람 없어도 주님만 알면 복된 자리에 앉아 갑니다. 저는 그렇게 생각합니다. 우리가 교회에서 이런 일 저런 일로 많이 수고하고 봉사합니다. 제 생각에 그것이 물건 살 때 포인트 쌓이는 것과 비슷합니다. 우리의 봉사와 수고가 하늘나라 포인트로 쌓인다고 생각합니다. 낮은 자리에서 섬기는 사람은 영적 포인트가 많이 쌓입니다.

우리는 신앙생활을 할 때 자기를 낮추고 또 낮추어야 합니다. 자기를 낮추는 자가 하나님의 나라에서 큰 자입니다. 여러분은 골리앗과 다윗을 잘 알고 계십니다. 골리앗은 자기가 큰 자라고 교만했습니다. 키가 6척에 두른 갑옷의 무게가 60킬로그램, 손에 든 칼의 무게가 10킬로그램입니다. 하늘을 찌르는 교만함이 있었습니다. 스스로 자기를 엄청나게 크게 여겼습니다. 그런데 상대는 누구입니까? 17세의 청소년 다윗입니다. 갑옷도 입지 않았고 칼도 창도 없습니다. 다윗이 골리앗에게 이렇게 말합니다. "너는 칼과 창과 무기로 내게 오거니와 나는 만군의 여호와의 이름으로 네게 간다. 내 물맷돌을 받아라." 한 방에 쓰러뜨리고 말았습니다. 골리앗은 하나님을 멸시하고 자기를 크게 높이다가 꺾였습니다. 반면에 다윗은 자기를 낮추고 하나님을 높였기 때문에 하나님이 그를 크게 사용하고 높이셨습니다.

제가 어느 선교사님의 신앙 간증을 들은 적이 있습니다. 선교사님이 어떤 병에 걸렸습니다. 하나님께 기도했습니다. "하나님은 높으시고 내가 가진 병은 작습니다. 내 병은 작고 하나님은 크시고 높으십니다." 하나님은 크시고 높으시다고 기도하자 병이 낫고 회복되었습니다. 하나님을 높이니까, 병이 치료되는 체험을 하셨습니다.

로마가 한창 기독교를 박해하던 시절이었습니다. 교인들을 잡아다가 묻습니다. "네 이름이 뭐냐?" "네, 내 이름은 크리스천입니다." "네 집이 어디냐?" "네, 우리 집은 천국입니다. 당신들이 내 육신은 죽여도 내 속의 영혼은 결코 죽일 수가 없습니다." 이런 믿음이 로마를 복음으로 정복하는 놀라운 역사를 이루었습니다. 요한일서 4장 4절 말씀대로 우리 안에 계신 이가 세상 어떤 것보다 크기 때문에 하나님이 승리의 삶을 이끌어 주십니다.

사랑하는 성도 여러분, 어떤 어려움이 있습니까? 힘드십니까? 답답하십니까? 이 세상을 살아가기가 힘드십니까? 우리 모두 하나님을 높이시고 내

안에 계신 이가 세상보다 크시다는 믿음으로 승리하고 나아가는 여러분이 되기를 예수님의 이름으로 부탁드립니다.

> 백성이 하나님에 대하여 신앙심을 갖는 것이 모든 순수한 국민 도덕의 원천이 되며, 모든 민복(民福)과 민력(民力)의 원천이 된다. **페스탈로치**

시련은 있지만
망하게 하지 않으시는 하나님

'미가'는 '여호와와 같으심'이라는 뜻이 있습니다. 상당히 어려운 상황에서 미가 선지자는 많은 예언의 메시지를 선포했습니다. 외적으로는 외침이 자주 있어서 늘 피비린내 나는 전쟁을 겪어야 했고, 내적으로는 가뭄이 심하게 들어서 모든 곡식들이 말라죽어 먹을 것이 없어서 굶어 죽는 사람들이 많이 있었고 또 요즈음 코로나처럼 질병이 돌아서 많은 사람이 죽어 나가는 그런 어려운 시기에 위로와 복음을 전하는 선지자였습니다. 그는 하나님께서 우리에게 시련은 주시지만 결코 망하게 하시는 하나님은 아니시라고 전했습니다.

요나는 하나님께 불순종하여 다시스로 도망가다가 고래 배 속에 들어가게 되었습니다. 고래 배 속에서 사흘만 지내면 위액 때문에 없어집니다. 요나는 결사적으로 고래를 두들기며 삼일삼야를 회개했습니다. 살려만 주시면 사명을 감당하겠습니다. 하나님께서 육지에 토하게 해서 살려주셨습니다. 시련은 있었지만 망하게 하지 않는 하나님이십니다.

파울 에를리히는 매독약을 개발한 분입니다. 2년 동안 육백다섯 번의 시료를 실험했지만 실패했습니다. 그러나 그는 하나님을 믿는 사람이기 때문에 '한 번만 더 하자!'라고 해서 성공했습니다. 그 주사약 이름을 '606호'라고 그럽니다. 시련은 있었지만 망하게 하지는 않으셨습니다. 에를리히가 그 후에 책을 썼는데 제목이 《왜 포기하십니까?》입니다. 포기하지 마십시오. 시련은 있지만 망하게 하지 않으시는 하나님이기 때문에 포기하지 마십시오.

어느 성도의 시가 있습니다. "하나님은 나의 잦은 실수에도 언제나 여유롭게 바라보는 하나님이심을 바라보며 믿습니다. 나는 지금 그 하나님을 바라보며, 내 마음을 추스려보고자 합니다. 나는 지금 그 하나님을 믿고, 그 하나님이 나의 생활의 모두가 되시기 때문에 그분의 말씀, 그분의 몸짓, 그분의 모습을 닮아가며 살아가려고 합니다. 주님께서도 많은 시련을 당하셨잖아요, 그러나 다시 부활하셨잖아요. 저도 지금 당하고 있는 시련을 주님의 모습을 닮아가며 반드시 재생하여 주님께 영광을 돌리는 삶을 살아가려고 합니다." 이 성도의 고백이 저와 여러분의 시가 되었으면 좋겠습니다.

　　종교개혁가 루터가 있습니다. 종교재판을 받게 됩니다. 말이 종교재판이지 사형을 위한 요식행위에 불과하죠. 사방을 욱여싼 원수 마귀들을 보며 부른 찬송이 있습니다. "내 주는 강한 성이요, 방패와 병기되시니……." 이 찬송을 부르며 재판정 안에 들어갔습니다. 지금도 보름스(worms)에 가면 루터의 기도문이 있습니다. "하나님 제가 지금 이곳에 서 있습니다. 저는 아무것도 할 수 없습니다. 하나님 나를 도와주소서." 루터의 기도에 하나님은 응답하셨고, 평소 루터를 지지하던 사람들에 의해 안전한 곳으로 피난시켜 주셨습니다. 저는 그 기도문을 읽고 묵상하면서 숫자 계산을 해봤습니다. '아, 나는 아무것도 없으니, 나는 제로야, 1도 2도 3도 아닌 나는 제로야.' 내가 하나입니까? 둘입니까? 셋, 넷, 다섯, 여섯, 아닙니다. 우리가 시련을 당할 때 나는 제로입니다. 그러나 완전한 10을 이루시는 하나님께 기도하는 것입니다. 시련은 주시지만 결코 망하게 하지 않으시는 하나님이시기 때문에 그러합니다. 어떤 시련이 와 내가 0이 될 때에 하나님께서 정금같이 연단하신 후에 10으로 채워 주셔서 우리를 회생시켜 주십니다. 여러분도 계산해 보십시오. 어떤 어려움이 있습니까? 0입니까? 완전한 10이신 하나님께 기도하시기 바랍니다.

영어 성경 미가서를 보면 이런 문장이 자주 나옵니다. "God will open the way for them"(하나님은 그들에게 길을 열어주신다). God will open the way for you. 하나님은 당신에게 길을 열어 주십니다. God will open the way for me. 하나님은 나에게도 길을 열어주십니다. 길을 열어주실 뿐만 아니라 선두에 서서 행하시는 하나님이십니다.

여러분! 우리가 시련을 당하는 경우가 많이 있지만, 주님을 만나게 되면 나를 정금같이 연단하시는 과정입니다. 시련은 있지만 결코 망하게 하지는 않으시는 하나님을 체험하게 될 줄을 믿습니다. 시련을 당하고 있을지라도 길을 여시고 선두에서 행하시는 하나님을 믿고 묵묵히 그 사명을 담당해 갈 때에 능히 새로운 축복의 문을 열게 될 것임을 믿습니다.

자신의 끝에 이를 때 하나님의 시작을 보게 된다.

빌리 그레이엄

네팔 카트만두에
새빛맹인센터 세우다

밤에 환상이 바울에게 보이니 마게도냐 사람 하나가
서서 그에게 청하여 이르되 마게도냐로 건너와서 우
리를 도우라 하거늘 행 16:9

네팔에서 오래 선교하고 계시던 목사님께서 저
희 교회를 방문하신 적이 있습니다. 대화 도중에 제
가 여쭈어 봤습니다. "네팔에도 맹인이 많이 계시겠
죠. 일반적으로 어려운 나라일수록 아직 환경이 나
빠서 장애인, 맹인 인구가 많이 있어서요." 그랬더니
선교사님 말씀이 네팔에 20여 년 있었어도 맹인을
본 기억이 별로 안 나신답니다. 그래서 저는 말했습

니다. "당연합니다. 이제 저를 만나고 돌아가시면 한 번 살펴보십시오. 맹인분들이 많이 계실 겁니다." 얼마 후에 전화가 왔습니다. "목사님 말씀대로 살펴보니 네팔에 맹인들 많이 계십니다."

세상 사람들은 관심 있는 곳에 신경을 씁니다. 목사님들은 어느 나라에 가든 교회부터 눈에 들어옵니다. 사업하시면 사업 분야에 관심이 있습니다. 각자 자기 전문 분야에 대해서 살펴보게 됩니다. 저는 어느 나라 어느 지역을 가든지 맹인과 맹인 기관에 관심이 갑니다. 그들을 더 만나게 됩니다.

제가 네팔 맹인들에게 전도를 하고 싶은데, 기회도 없고 능력도 없어서 하나님이 허락하실 때를 기다리고 있었습니다. 그런데 마침 네팔 현지 교회에 집회를 가게 되었습니다. 현지인 교회도 중요하지만, 저는 맹인에게 관심이 더 많았습니다. 이곳저곳 다 둘러봐도 변변한 맹인 시설도 없었습니다. 맹인 학교가 하나 있었지만 형편없이 초라했습니다.

한번은 카트만두 시내에 나가 봤습니다. 로터리에 갔는데 거기에 많은 분들이 둘러 앉아 있었습니다. 그래서 "저분들이 누구냐"고 물었더니 노숙자도 계시지만 대부분 맹인들이라고 했습니다. 동정을 구하면서 향을 팔아서 한 끼를 먹고 로터리에 하루 종일 앉아 있는 겁니다. 사실 할 일이 없으니까 그렇게 굶어 죽어 가고 있었습니다. 국가나 사회에서나 국민들이 관심이 전혀 없는 것 같았습니다. 너무 마음이 아프고 불쌍했습니다.

네팔에서 히말라야를 올라가 봤는데 한 3천 미터 올라가니까 찻집도 있고 음식점도 있었습니다. "이 꼭대기에 음식점도 있고 커피숍이 있구나" 했더니, 안내하는 분이 "이곳 3천 미터 정도는 산이라고 안 그러고 언덕이라고 그럽니다. 한 6, 7천 미터 올라가야 산이지요"라고 했습니다. 그런데 그곳에 까마귀가 많았습니다. 제가 물어봤습니다. "왜 여기에 까마귀가 많아요?" 안내자가 이렇게 설명해 주었습니다. "형편이 어려운 사람들, 특히 맹인 같은 경우에 굶어 죽으면 특별한 장사를 지내는 것이 아니라 그냥 산중에 내다 버린답니다. 그러니까 까마귀들이 장사진을 치는 것이지요." 그 말을 들으니까 눈물이 꽉 쏟아졌습니다. '하나님 앞에 똑같이 귀한 영혼 인데 이건 너무하지 않은가. 이분들을 어떻게 구원 할 것인가? 내가 현장을 봤으니 안 봤다고 할 수는 없고 여기를 도와줘야 하지 않겠나' 하는 마음이 생 겼습니다.

하지만 현실적으로 엄두가 안 났습니다. '한국 에 있는 시설도 어려운데 내가 무슨 능력이 있어서 이곳 맹인까지 도울 수 있겠는가. 하나님이 이해해 주시겠지'라며 스스로 위로했습니다. '그래, 안 본 걸로 해두자. 모르는 걸로 해두자'라고 자위하며 아 픈 가슴을 안고 서울로 돌아왔습니다.

참으로 놀라운 사실은 제가 한국에서 잠을 자 는데 여러 번 밤에 환상 중에 나타났습니다. 마치 사 도행전 16장 9절 말씀처럼 환상을 보았습니다. "밤 에 환상이 바울에게 보이니 마게도냐 사람 하나가 서서 그에게 청하여 이르되 마게도냐로 건너와서 우리를 도우라 하거늘(행 16:9). 바울이 유럽 쪽으로 전도 여행을 계획했었는데 밤에 환상 중에 마게도 냐 사람이 나타나서 "건너와서 우리를 도우라" 해서 빌립보로 가서 복음을 전하기 시작했습니다. 바울에게는 유럽이었고 제게는 아시아 네팔이었습니다. "요한아, 너 일어나, 네팔로 건너가서 그들을 도와라." 하나님의 음성이 저를 깨웠습니다. 저는 일어나 앉아서 하나님 앞에 기도했습니다. "하나님, 잘못했습니다. 저는 요나처럼 도망가던 사람입니다. 잘못했습니다. 당장 네팔로 들어가겠습니다." 그래서 네팔을 갔습니다.

우스갯소리를 하나 하겠습니다. 두 팔 가진 사람도 힘들다고 그러는데 네팔은 팔이 네 개이니까 얼마나 힘들겠습니까. 정말로 네팔은 힘든 나라였습니다. 그러나 이미 하나님께서 예비해 놓으셨습니다. 누가 맹인 선교를 합니까? 맹인을 이해하고 알아야 할 수 있습니다. 그런 분도 하나님은 예비해 놓으셨습니다. 바울이 빌립보에 갔을 때 루디아를 예비해 주셨듯이 네팔 사역을 도울 사람들을 하나님은 이미 예비해 놓으셨습니다. 여호와 이레의 하나님을 만났습니다.

그렇습니다. 순종은 새로운 축복이라고 합니

다. 순종하는 마음으로 가서 맹인을 위한 교회를 세우고 맹인학교 기숙사에 숙소를 만들었습니다. 베데스다 하우스를 지어서 맹인을 위한 쉼터를 만들고 그들에게 악기를 가르치고 마사지를 가르치고 직업 재활 훈련을 시키는 등 할 수 있는 최선의 방법으로 선교를 하고 있습니다. 이제는 힌두교를 믿던 그들이 주일마다 가득 모여서 하나님을 찬양하며 기도를 드리고 있습니다.

선교에는 구제가 필요조건입니다. 당장 먹고살아야 찬양을 하고 예수를 믿지 않겠습니까? 그래서 지금 부족한 대로 하루에 한 끼라도 점심 도시락을 만들어서 기증받은 밴에 싣고 나갑니다. 가면 많은 맹인들과 심지어 노숙자들까지 밀려오는 바람에 차가 찌그러질 정도로 인산인해를 이루곤 합니다. 힘들고 어렵지만 하나님의 은혜가 너무 놀랍고 감사합니다. 하나님께서 이렇게 다 마련하시고 능력을 주시고 돕는 자를 붙여 주시고 기도 용사들을 만나게 해주셨습니다. 또한 하나님이 미리 예비해 두셨던 선교사님 파송 예배를 드리게 되었습니다. 하나님, 사랑합니다. 감사합니다. 네팔을 축복해 주시옵소서.

복음의 변화시키는 능력이 제대로 작동한다면, 배고픈 이웃이 옆집 뒷마당에서 굽는 스테이크 냄새에 이끌리는 것처럼, 복음 자체가 사람들을 자연스럽게 끌어당길 것이다. **테일러 필드**

새빛 네팔선교사
파송

예수께서 그의 열두 제자를 부르사 더러운 귀신을 쫓
아내며 모든 병과 모든 약한 것을 고치는 권능을 주시
니라 마 10:1

오늘 본문은 굉장히 중요한 말씀입니다. 마태
복음 10장 이전까지는 예수님께서 제자들을 가르치
는 사역이었습니다. 그러나 10장 이후에는 예수님
께서 제자들을 사도로 삼아서 예수님의 하시는 일
을 계속해서 전수해 나갈 수 있도록 사도의 사역을
말씀하고 계십니다. 따라서 마태복음 10장 전후는
분기점이 되는 말씀입니다. 이제 십자가에서 죽임

당하실 것을 다 아시는 주님은 사도들이 세상에 나아가 천국 복음을 전할 수 있도록 사역 훈련을 시키십니다. 그래서 예수님이 돌아가신 후에도 사도들이 사도성(使徒性)을 가지고 예수님이 하시던 일들을 계속할 수 있었습니다.

예수님의 사역을 흔히 3중 사역이라고 합니다. 천국 복음을 선포하는 사역, 말씀을 가르치는 사역, 그리고 모든 약한 자들의 병을 고쳐 주시고 위로해 주시고 섬기는 사역입니다. 선포와 가르침과 섬김을 예수님의 3중 사역이라고 할 수 있습니다. 예수님께서는 모든 사람들에게 천국 복음을 전하시고 모든 연약한 자들의 병을 고쳐 주시고 또 삶의 문제까지 개입하셔서 그들의 육체의 필요도 채워 주셨던 온전한 섬김의 삶을 사셨습니다. 선포하고 가르치고 섬기는 예수님의 3중 사역을 사도들도 계승했습니다.

그러나 성령 강림 이후에는 이 사도성이 교회에 전승되어서 이제는 교회들이 예수님의 3중 사역, 즉 가르치고 선포하고 섬기는 사역을 이어서 할 수 있도록 예수님이 다 계획하신 것입니다. 그래서 새빛맹인교회는 작은 교회이지만 예수님이 하시는 일을 억만분의 하나라도 계승하기 위하여 선교사님을 파송하게 되었습니다.

네팔로 가시는 선교사님 내외분은 목사가 되기 이전에도 풍부한 사회 경험을 하셨습니다. 그리고 새빛맹인교회 시각장애인 청년부 사역자로 수고하시다가 미국에 이민하셔서 30년 가까이 교회 개척을 하시고 혼신을 다하여 교회를 섬기셨습니다. 선교사님은 영혼 하나하나를 챙기시면서 아주 멋지고 큰 교회로 잘 성장시키고 안정시켜 놓으셨습니다. 이제 3년 있으면 은퇴할 나이가 되어서 그 교회가 속한 미국 교단으로부터 은퇴 후 연금과 퇴직금과 생활비 등의 모든 혜택을 다 받을 수 있습니다.

그런데 "다 내려놓고 가거라" 하는 하나님의 강력한 부르심을 느끼고 모든 것을 포기하고 네팔을 선택하셨습니다. 그 모든 좋은 여건을 다 하나님 앞에 내려놓으시고 순종하는 빈 마음으로 황무지 같은 네팔을 가십니다. 네팔은 힌두교 나라로서 다수가 힌두교도들입니다. 힌두교에 신이 몇 개인지 아십니까? 3억 8천의 신이 있다고 합니다.

　네팔의 시각장애인들은 정말 비참합니다. 정말 어려운 상태에 있습니다. 사람이지만 사람이 아닙니다. 거리의 시각장애인이 죽으면 버려져서 까마귀 밥이 됩니다. 정말 불쌍한 나라요 가련한 영혼들입니다. 선교사님은 모든 걸 다 내려놓으시고 그 나라에 가시는 겁니다. 30여 년 사역하신 신실한 목회자로서의 경험과 경륜을 가지고 황무지 같은 선교지로 떠나시게 되었습니다.

　연령으로 봐도 60대의 강렬한 정열을 가지고 가시는 겁니다. 사람들은 60대면 나이 들었다고 합니다. 아닙니다. 가장 강렬한 정열을 가질 때가 60대입니다. 왜 그런 줄 아십니까? 지는 햇볕이 뜨겁습니까, 시원합니까? 지는 햇볕이 제일 뜨겁습니다. 정오 열두 시가 뜨거운 줄 아십니까? 지는 햇볕이 뜨겁습니다. 가장 강렬하고 오래갑니다. 지는 해가 금방 넘어갈 것 같아도 안 넘어갑니다. 오래가고 강렬한 나이가 60대, 70대입니다. 제 심장에도 20대청년이 앉아 있습니다. 우리 선교사님도 마찬가지고 박 장로님도 마찬가지고 가장 강렬하고 뜨거운 정열을 가지고 사역을 하실 때입니다. 그 젊음을 가지고 복음의 사역을 감당케 되신 겁니다.

고대 그리스에 철인 디오게네스(Diogenes)가 있습니다. 그는 대낮에 해가 쨍쨍 비치는데 등불을 켜고 아테네 시내를 돌아다니면서 외쳤습니다. "깜깜하다, 깜깜하다. 깜깜하다." 사람들이 미친 철학자라고 했습니다. "아니, 해가 쨍쨍 비치는 정오에 뭐가 깜깜해. 맹인인가?" 아닙니다! 무엇이 깜깜하다는 것입니까? 도덕적으로, 윤리적으로, 종교적으로 깜깜하다는 말입니다. 생활 습관과 인간의 마음이 깜깜하다는 것입니다. 그는 철인으로서 대낮에 등불을 켜고 다니면서 깜깜하다고 했지만 선교사님 내외분은 이제 그 깜깜한 곳에, 영적으로 어두운 그곳에 가서 복음의 빛을 들고 다니면서 빛을 밝히는 사역을 하게 되셨습니다.

그럼 우리가 할 일은 무엇입니까? 우리가 물질이 있습니까? 건강이 있습니까? 활동을 자유롭게 할 수 있습니까? 우리가 할 수 있는 일이 무엇입니까? 기도입니다. 우리가 드릴 수 있는 가장 큰 선물은 기도입니다. 하나님은 기도를 들으시고 응답하시는 분이십니다. 그러므로 우리는 선교사님 내외분의 영육간의 강건함과 사역을 위해서 기도해야 합니다. 복음의 빛을 비치는 사역에 힘이 될 수 있도록 기도의 선물을 드립시다.

　　하나님 아버지, 감사합니다. 이제 이 연약한 제단에서 하나님께서 예비하시고 준비하신 큰 사역자, 신실한 종, 경륜과 체험이 있으신 귀한 사역자이신 선교사님 내외분을 복음의 황무지, 어둡고 깜깜한 곳에 보내드립니다. 보내는 저희들은 섭섭하고 미안합니다. 그러나 주님이 함께 계셔서 복음의 빛을 전할 수 있도록 능력 주시고 필요를 채워 주실 줄로 믿습니다.

　　바라옵기는 선교사님 내외분을 강건케 하시옵소서. 마지막 때에 빛의 사명을 잘 감당하도록 주님 품에 안아 주시고 강건케 하여 주시옵소서. 하나님의 역사가 일어날 수 있도록, 복음의 빛을 비출 수 있도록, 그 사역이 빛나도록 인도하시고 도와주시옵소서. 우리 새빛 가족들은 드릴 것이 없습니다. 그러나 우리는 기도할 수 있습니다. 선교사님 내외분을 보내드리며 우리가 기도로 도와드리려고 합니다. 우리의 기도가 끊임없이 계속되게 하시고 다시 만날 그때까지 영육간의 강건함으로 붙들어 주시고 도와주시고 함께하여 주시옵소서.

하나님 아버지, 부족한 저희들이 감히 무슨 힘이 있어서 존경하는 선교사님 내외분을 그 황무지 네팔로 보낼 수 있겠습니까? 하나님께서 선택하시고 예비하시고 준비시켜서 보내셨사오니 선교사님 내외분의 건강을 지켜 주시고 생활에 잘 적응할 수 있게 해주시고 필요를 채워 주시옵소서. 선교사님을 통해 복음이 드러나서 죽어가는 영혼들이 주님을 만나게 하시옵소서. 예수님의 심정으로 가시는 선교사님의 사역을 축복하여 주시옵소서. 예수님께서는 목자 잃은 양같이 버림받은 영혼을 보고 민망히 여기셨습니다. 바로 그 심정을 가지고 가오니, 그

심정을 축복하시고 강건케 하시고 힘과 능력을 더하여 주시옵소서. 우리는 드릴 것이 없습니다. 기도하겠습니다. 기도로 드리오니 이 선물이 참으로 목사님 내외분의 사역에 큰 영광이 되고 힘이 될 수 있도록 도와주시고 함께하여 주시옵소서. 예수님의 이름으로 기도합니다. 아멘.

당신이 어디에 있든지, 그곳에서 전부가 되어라.

짐 엘리엇

또 하나의
빛

나는 VIP입니다

　　미 동부 지역에 집회를 간 적이 있습니다. 오랜만에 가는 곳이라서 한두 달여 스케줄이 있었습니다. 감사한 것은 친척이 그곳에 살고 계셨기 때문에 숙소를 친척집에 정하고 장기 체류를 하게 되었습니다. 조그만 도시라서 여기저기 왔다 갔다 하다 보니 현지 미국인들을 많이 사귀게 되었습니다. 그래서 그런지 하루는 타운오피스에서 전화가 왔어요. "목사님, 우리 타운에서 오늘 저녁에 이 지역 VIP 미팅이 있으니까, 꼭 참석해 주십시오." VIP는 영어로 'Very Important Person', 중요한 인물이지 않습니까? 저는 그 마을에 집회를 간 이름 없는 맹인인데 VIP 자격이 없잖아요. 그래서 "저는 VIP가 아니라서 그곳에 참석할 자격이 없을 것 같습니다" 그랬더니, "당신 한국에서 오신 VIP라고 들었는데요, 사양하지 마시고 꼭 오십시오"라고 했습니다. 이상한 예감이 들어서 그럼 VIP가 무슨 뜻인지 영어 철자를 불러 달라고 했습니다. 그러자 그분이 'Visually Impaired

Person'('시각장애인')이라고 알려 주었습니다. 시각장애인이 'VIP'였습니다. "아, 그러시군요. 예, 맞습니다. 제가 VIP입니다. 참석하겠습니다." 그래서 참석하여 미국 맹인들과 교제를 나눈 적이 있습니다. 이래 뵈도 저는 미국에 가면 VIP입니다.

별 볼 일 없는 사람입니다

하루는 MBC 라디오 PD에게서 전화가 왔습니다. "목사님, MBC 라디오 별밤지기 담당자입니다. 나오셔서 저희 청소년들에게 유익한 말씀을 좀 해 주십시오." 저는 별을 볼 수 없는 사람이지만 정한 날에 출연했습니다. 제가 사회자에게 "별 볼 일 없는 사람을 별밤지기에 왜 나오라고 하셨습니까?"라고 말했더니 사회자가 생방송 중에 웃음을 참지 못해서 방송에 차질이 생겼습니다. 주위에 계신 분들도 다 배꼽을 잡고 웃는 일이 있었습니다. 별 볼 일 없는 사람인데 별밤지기에 나간 사건이었습니다.

꺼진 불도 다시 보자

학생 시절에 이런 이야기를 많이 했죠. "꺼진 불도 살아나니 조심해라." 지금 경기도 용인에 새빛맹인양로원을 경영하고 있습니다. 양로원을 시작할 때, 앞을 못 보는 노인들이니까 돌아가시면 좋은 장례예배를 드려야겠다고 마음을 먹고 건축을 했습니다. 1층에는 남자 맹인들을, 2층에는 주로 여성 맹인들을 모시게 되었습니다. 그런데 같은 건물에 있다 보니 서로 만날 기회가 많습니다. 식당이나 본관 앞 쉼터에서 서로 대화도 나누고 같이 산책도 하다 보면 가까워집니다. 나이는 있더라도 가슴은 젊습니다. 이렇게 교제를 나누게 되었는데, 하루는 저한테 한 노인분이 "목사님, 우리 둘이 눈이 맞았어요." 그러십니다. 그래서 "오른쪽 눈이요, 왼쪽 눈이요?" 농담을 했더니, "양쪽 다 맞았죠"라고 대답했습니다. "그럼 서로 사랑하는 사이가 되었다는 거 아닙니까?" "그러니 우리 결혼 주례 좀 해주세요." 그래서 "좋은 일인데 제가 해드려야지요" 했습니다. 그 이후

제가 지금까지 일곱 쌍 주례를 했습니다. 부부 방이 없어서, 3층을 하나 더 올려서 부부 방으로 사용하고 있습니다. 정말로 꺼진 불도 다시 보아야 합니다.

놀란 가슴 쓸어내렸습니다

저하고 새빛맹인예술단이 모스크바 공연을 하러 전도 집회를 떠났습니다. 모스크바 다운타운 가까이에 있는 한국인이 경영하는 게스트 하우스에 한 열흘 머물게 되었지요. 그런데 화장실은 공동 화장실 하나가 있었습니다. 방이 여러 개 있었는데, 주인 어르신 방이 저의 옆방이었습니다. 저는 감각이 둔하고 방향 감각이 없어서 늘 불안했는데 밤중에 화장실을 갔다가 오는 길에 내 방 위치를 잘못 찾았습니다. 제가 실수로 옆방으로 들어갔습니다.

그 방에 여사장님이 주무시고 계셨는데 서로 얼마나 놀랐겠어요. 저도 놀라고 그분도 놀라 소리 지르시는데 저인 줄 알고 "아이고, 목사님. 괜찮아요. 너무 미안해하지 마세요" 하셨습니다. 저는 "정말 죄송합니다. 제가 큰 실수를 했습니다"라고 사과했습니다. 여행 중에 있었던 그 일은 우습기도 하지만 제가 실수한 일이라 늘 미안한 마음을 가지고 있습니다.

우체국에서 겪은 일

어느 날 아내와 함께 우체국에 갔습니다. 아내가 편지 하나 붙이고 금방 나올 테니까, 입구에 가만히 서 있으라고 했습니다. 또각또각 소리 내며 걸어갔습니다. 편지 하나 붙이는 거니까, 금방 나오겠지 하고 있었는데, 금방 또각또각 발소리가 들리며 내 앞에 왔습니다. 그래서 저는 당연히 아내가 나오는 줄 알고 "갑시다" 하며 팔을 꽉 잡았습니다. 그런데 "이 사람이!" 하고 제 뺨을 딱 때렸습니다. 너무 놀랐습니다. 아내가 뒤따라오다가 "어, 왜 그래요?" 그러더라고요. 저는 편지 하나 보내는 일이니까 바로 나오는 사람이 아내인 줄 알고 팔을 잡았는데 다른 젊은 여자였습니다. 갑자기 웬 남자가 자기 팔을 잡으니까, 그 여자분도 얼마나 놀랐겠습니까. 저도 놀랐고 제 아내도 놀랐습니다. 그래서 집사람이 사과했습니다. "제 남편인데, 앞을 잘 보지 못하십니다. 죄송합니다." 그러니까 그 사람도 이해를 하고 "아닙니다. 도리어 제가 죄송합니다" 했습니다. 저는 지금도 죄송한 마음 가지고 있습니다. 앞을 못 보니까 이 일 저 일 많이 겪고 살게 됩니다.

앞 못 보는 유익

연변대학교 과학기술대학에서 집회가 있어서 연변공항에 내렸습니다. 입국 심사를 해야 하는데 공항 직원이 한참 살피더니 제게 안으로 들어오라고 했습니다. 저는 눈치를 챘습니다. 그 당시에 중국 한족들에게 집회를 한 경력이 있으면 입국이 금지되었습니다. 제가 이전에 심양, 장춘, 한족 교회 집회를 많이 했습니다. 사실 기록이 다 되어 있다고 합니다. 저는 몰랐습니다. 그때는 무조건 금지 조치할 때였습니다. '아이고, 이제 한국으로 돌아가야겠구나' 생각했습니다. 그 직원이 안으로 들어오라 해서 더듬거리며 들어가다가 유리 모퉁이에 쾅 하고 이마를 부딪쳐서 피가 많이 났습니다. "아!" 했더니, 앞을 못 보냐고 하기에 그렇다고 하니까 알았다고 그냥 들어가라고 했습니다. 할렐루야! 이마의 상처는 치료하면 되니까 문제가 아니었습니다. 그 상처 때문에 중국인 교회에서 말씀을 전할 수 있었습니다. 못 보는 게 불편한 것만은 아닙니다. 복음을 전하기 위한 유익도 있다는 경험을 했습니다. 저는 실명한 것을 하나님께 감사합니다. 앞 못 보는 유익을 체험하곤 합니다. 이러한 체험이 중국 갈 때마다 여러 번 있습니다. 하나님께 영광과 감사를 드립니다.

내가 날짜를 어떻게 알아요!

러시아 코스타 집회가 있어서 모스크바에 갔습

니다. 그런데 공항을 나오는데 직원이 저를 불렀습니다. "또 왜 그러나" 하는 생각이 들었습니다. 원래 사람을 붙잡아 놓고 트집을 많이 잡는다는 것을 들었지만 또 뭐가 잘못되었나 하고 들어갔습니다. 직원이 말하기를 "여권 날짜가 3개월이 남아 있어야 하는데 한 달 반밖에 남아 있지 않다"라는 겁니다. 그래서 입국이 안 된다고 했습니다. 한국에 가서 다시 날짜를 연기해서 들어오라고 했습니다. 밖에는 마중 나온 교역자들이 계시고, 당장 내일부터 코스타 집회가 시작되는데 막연했습니다. 하나님께 기도했습니다. "하나님 어떡하면 좋지요? 지혜를 주십시오." 제가 직원 앞에 가서 "앞을 못 보는 사람이 날짜가 어떻게 되는지 어떻게 알 수 있습니까?"라고 말했습니다. 날짜가 지났는지 며칠 남았는지 내가 어떻게 알 수 있냐고 했습니다. 도리어 제가 크게 이야기했습니다. 직원도 이해가 가는지 고개를 끄덕이더니 "알았다. 이번에는 봐줄 테니까 다음에는 날짜를 연기해서 다니라" 했습니다. 그래서 제가 공항 밖으로 나올 수 있었습니다. 할렐루야!

원숭이 친구

장애가 있는 원숭이가 장애인을 알아보는 이야 기입니다. 말레이시아 페낭에 있는 원숭이 공원을 갔습니다. 원숭이 공원에 가서 여기저기를 많이 다 니는데, 나무마다 원숭이들이 많이 매달려 있었습 니다. 그런데 원숭이 앞을 지나가는데 그 많은 원숭 이 중 한 마리가 우리 일행 앞으로 뛰어오더니 다른 사람도 많은데 제 엉덩이를 탁 치면서 낄낄거리며 지나갔습니다. 그 원숭이는 팔이 하나 없었습니다. "아, 이 원숭이도 자기가 장애 원숭이니까 장애인인 나를 친구같이 여겨져서 친근감이 들어서 내 엉덩 이를 탁치고 낄낄거리며 지나갔구나." 그렇습니다. 원숭이도 장애인을 알아봐 줘서 재미있었습니다. 그래서 저는 지금도 페낭을 가게 되면 꼭 원숭이 공 원을 찾곤 합니다. 그 원숭이를 또 만나게 되어 선물 로 바나나 한 다발을 주었습니다. 내 친구가 되었는 데 지금도 잘 있는지 궁금합니다.

한눈에 반했어요

제가 북경에서 코스타 집회 갔다가 돌아오는 길에 그곳 선교사님 부부가 북경 공항까지 운전해 주셨습니다. 차에서 대화를 나누는 중에 제가 "어떻게 사모님을 만나시게 되었어요?"라고 물어보았습니다. "저요? 집사람한테 한눈에 반했어요." 제가 "사모님이 참 미인이셔서 그러셨나 보네요" 했더니, "사실 그렇지만, 제가 한쪽은 의안을 했어요. 그래서 한쪽 눈만 볼 수 있어서 한눈에 반했어요" 그래서 한참 웃었습니다. 한눈에 반한 사모님! 재미있었습니다.

도쿄에서 하나님이 다시 건져 주셨습니다

제가 도쿄 집회 기간 중에 전철을 타고 신주쿠에 내렸습니다. 전철에서 내리다가 발이 출입문 앞 틈 사이로 빠졌습니다. 다리와 무릎을 많이 다쳤습니다. 저희 직원 가운데 일본어를 약간 하는 분이 계셔서 "차가 이제 떠납니다"라는 말이 나온다고 했습니다. 그런데 저는 두 다리가 거기에 빠져서 꼼짝 못하고 있었습니다. 너무 놀라 황급히 달려가 소리를 지르니까 역무원과 사람들이 모여들어 급히 저를 들어 올렸습니다. 제가 들어올려지자마자 전철이 떠났습니다. 하나님이 살려주셨습니다. 그때 조금이라도 늦었다면 제 두 다리는 온전하지 못했을 겁니다. 위급한 상황이었지만 하나님이 이 부족한 종을 사용하시려고 살려주셨습니다. 지금도 전철이나 KTX를 타고 내릴 때 주위 사람들이 많이 신경을 써주고 저도 조심하고 있습니다. 위험에서 건지시는 하나님께 영광을 돌립니다.

학생 수련회에 간 적 있어요

학생 수련회에 간 적 있습니다. 식사 시간에 강사 몇 분이 같이 앉아서 대화를 나누는 중에 한 목사님이 "목사님, 제가 풍채가 좋고 인상이 조금 험해서 학생들이 떠들다가도 제가 앞에 서면 조용해집니다" 라고 하셨습니다. 그러니까 다른 강사 목사님은 "저는 목소리가 아주 크고 세서 제가 한 번 '조용합시다' 하면 학생들이 금방 긴장해서 조용해지곤 합니다"라고 하셨습니다. 그래서 저는 이렇게 말했습니다. "저는요, 앞에 나가서 그런 이야기를 하지요. 자, 저를 보세요. 무섭지 않으세요? 눈에 뵈는 게 없는 사람이에요."

유명세의 눈물

요즈음 교회마다 다 특별한 사정과 계획이 있어서 저희 같은 어려운 시설이나 기관이 오히려 도움 받기가 많이 힘들어졌습니다. 특별히 저희 새빛맹인교회의 경우에는 제가《낮은 데로 임하소서》책과 영화 주인공이고 또 집회도 좀 많이 다니고 알려진 입장이라서 늘 후원 문제에서는 어려움을 겪고 있습니다. 연말이나 성탄절이 되면 보통 우리 같은 약한 기관에서는 사실 후원자들의 도움이 예산의 많은 부분을 차지하게 되는데 요즈음은 후원이 많지 않아서 어려움을 겪고 있습니다.

예를 들면, 지난 성탄절이었습니다. 우리는 방문객이 없어서 조용합니다. 직원들이 이렇게 말합니다. "목사님이 집회도 많이 다니시고 많이 알려지셨는데도 왜 이렇게 우리는 돕는 사람, 찾는 사람이 없지요?" 저는 직원들에게 미안한 마음이 듭니다. "글쎄다. 내가 부족해서 그런데, 금년에는 좀 계시겠지. 기다려 보자." 그런데 얼마 후에 전화가 왔습니다. 강남 지역의 한 대형 교회 여선교회 연합회 회장인데 그분들 연합회에서 우리 교회를 후원도 하고 돕기로 했다고 합니다. "우리가 찾아뵈러 갈 겁니다. 목사님, 오후에 시간 되시나요?" "아유, 기다리지요, 감사하지요." "차가 막혀서 늦을지 모르겠지만, 오후 안으로 갈게요." "네, 감사합니다. 기다리겠습니다."

전화를 끊었습니다. 직원들한테 체면이 좀 서는 기분이었습니다. "봐라 오시잖아." 그런데 4시, 5시, 6시가 되도록 안 오시는 겁니다. 그래서 직원들이

"오신다더니 왜 안 오세요?" 묻더라고요. "아마 차가 많이 막혀서 그러겠지. 기다려 보자." 그래서 7시까지 기다렸습니다. 저녁이 다 되었습니다. 그래도 오시지 않았습니다. 사정이 있나 보다 생각하고 퇴근하려고 하는데 전화가 왔습니다. "아이고, 목사님 계셨네요. 죄송합니다. 꼭 목사님 교회를 방문하려고 그랬는데 우리 여선교회 회원들 가운데서 목사님 교회는 유명한 교회이고 찾는 사람이 많을 테니까 유명하지 않고 알려지지 않은 곳에 도와드리면 좋겠다고 해서 거기를 다녀왔어요. 죄송합니다, 목사님." "예, 잘하셨습니다. 알겠습니다."

전화를 끊고 나니까 눈물이 났습니다. '세상 사람들이 늘 말하는 혹시나가 역시나구나.' 지금도 그런 경우가 많습니다. 그렇게 운영하고 있습니다. 사람들의 마음은 다 같은가 봅니다. "저 목사님은 유명한 목사님이니까 돕는 사람이 많이 계시겠지"라고 생각하는 분이 많은가 봅니다. 새빛맹인선교회를 위해 계속 기도해 주시기 바랍니다. 고맙습니다.

섭리와 경륜

BBC 온라인 예배설교
(2020년 6월 7일 11시 예배)

무리가 일제히 일어나 고발하니 상관들이 옷을 찢어 벗기고 매로 치라 하여 많이 친 후에 옥에 가두고 간수에게 명하여 든든히 지키라 하니 그가 이러한 명령을 받아 그들을 깊은 옥에 가두고 그 발을 차꼬에 든든히 채웠더니 한밤중에 바울과 실라가 기도하고 하나님을 찬송하매 죄수들이 듣더라 이에 갑자기 큰 지진이 나서 옥터가 움직이고 문이 곧 다 열리며 모든 사람의 매인 것이 다 벗어진지라(행 16:22-26).

제가 목사인 친구들을 만나서 대화를 나누는데 생각과 느낌이 다 다릅니다. 감염병이 세계적으로 유행하는 현 시대를 살아가면서 성도님들의 안전을 지키기 위해서 비대면 예배가 필요하지 않겠느냐 하는 목사님도 계시고, 울먹이며 애통하는 마음이 생긴다는 분도 계시고, 이러다가는 무슨 일이 생기면 '교회에 안 나가도 그냥 적당히 지키면 되겠구나' 하는 신자가 생길까 봐 걱정하는 분도 계십니다.

저의 경우는 뭐라 말로 할 수 없는 분노의 마음이 있습니다. 어떤 대상이 있는 것도 아니고 이유도 없습니다. 이 기간 중에 주일 아침마다 일어나면 사사건건 마음이 불편하고 안정이 안 되고 불만이 생기고 자꾸 바깥으로 표출되려고 합니다. 저는 '아, 이것이 바로 영적으로 어려운 시대를 살아가는 삶이구나' 하고 생각하게 되었습니다. 아마 우리 성도 여러분도 다 마찬가지일 겁니다. 주일 아침마다 마음에 답답함이 있을 겁니다. 그러나 바라기는 우리 모두에게 이러한 갈망이 다 하나님을 향한 갈망으로 승화되기를 예수님의 이름으로 축원합니다.

코로나 시대를 지나면서 감염이 되지 않기를 바라고 혹시 감염되더라도 아무런 증상 없이 항체가 생겨서 가벼운 감기처럼 지나갈 수 있는 건강이 되시기를 예수님의 이름으로 축원합니다. 오늘 우리가 예배를 드릴 때에 성령 하나님께서 역사하시고 임재하셔서 하늘의 위로를 받으시고 주님이 우리 마음속에 나타나셔서 새로운 은혜와 도전 받을 수 있는 축복을 주실 줄로 믿습니다. 특별히 코로나를 지나는 것도 어렵지만 육신의 질병으로 고생하는 우리 성도님들, 마음의 어려움을 당하시는 분들, 생활의 어려움을 겪고 계신 분들, 또 삶의 어려움을 겪고 계신 모든 분들에게 이 예배 시간을 통해서 성령 하나님의 은혜로 회복되고 새로운 은혜가 넘치는 시간이 되기를 주님의 이름으로 먼저 부탁을 드립니다.

저는 오늘 바울을 조금 생각하고 싶습니다. 바울의 이전 이름은 사울입니다. 사울은 대단한 사람이었습니다. 로마 시민권을 돈으로 살 정도로 갑부의 아들이었습니다. 또한 오늘날로 말하자면 국회의원이라 할 수 있는 권력도 갖게 되었습니다. 그는 가말리엘 문하의 뛰어난 율법학자였습니다. 사울은 다메섹 도상에서 부활의 주님을 만난 후 바울이 되어 가는 곳마다 복음을 전하여 교회를 세우고 말씀을 가르치고 또 병자를 고치는 등 많은 사역을 감당했습니다. 이런 복음의 일꾼에게는 환란과 고통이 따르기 마련입니다. 그가 사역 가운데 얼마나 힘들었으면 "내가 사십에 하나 뺀 매를 맞았고, 태장으로 맞고, 감옥에 갇혔고, 바다에서 강에서 고난을 받았고, 배고프고 춥고 잠 못 자고 수많은 환란과 고통을 받았다" 말하기도 했습니다(고후 11:23-27). 그런 가운데서도 바울의 고백은 한 가지입니다. 고린도후서 1장 8-10절을 보시면, "형제들아 우리가 아시아에서 당한 환란을 너희가 모르기를 원하지 아니하노니 힘에 겹도록 심한 고난을 당하여 살 소망까지 끊어지고 우리는 우리 자신이 사형선고를 받은 줄 알았으니 이는 우리로 자기를 의지하지 말고 오직 죽은 자를 다시 살리시는 하나님만 의지하게 하심이라." 이것이 바울의 믿음의 고백이요 소망이었습니다. 저는 이 고백을 가지고 지금까지 살아오고 있는데, 오늘 말씀드리고자 하는 고백 일부분도 바울의 사역의 일부분일 것입니다.

사도행전 16장 22-26절에 보시면 그 말씀이 나오는데, 저는 성경을 못 보는 사람이니까, 테이프 성경을 들으면서 이 말씀에 큰 충격을 받았습니다. 바울과 실라가 말씀에 순종해서 빌립보로 내려가서 열심히 복음을 전했는데, 예상치 못한 폭도들의 피습을 당했습니다. 몽둥이로 얻어맞고 피 흘리고 옷은 벗겨져 찢어지고 질질 끌려 감옥에 갇히게 됩니다. 왜 그럴까요? 말씀에 순종한 것뿐인데 결과가 너무 비참하지 않습니까? 그런데 그런 와중에서 성경에 보면 한밤중에 오히려 하나님 앞에 나아가 기도와 찬양과 경배를 드렸다고 기록되어 있습니다. 이것이 바울과 실라의 하나님에 대한 반응이었습니다. 오히려 기뻐하고 즐거워했습니다.

여러분과 저도 즐거워하고 기뻐할 수 있습니다. 어느 때입니까? 환경이 좋을 때, 물질의 어려움이 없을 때, 건강할 때 기뻐하고 즐거워할 수 있습니다. 그런데 상황이 어려워지고 돈이 없고 건강을 잃을 때는 어떻습니까? "아, 기뻐. 아, 감사해"라고 할 수 있겠습니까? 우리는 일생을 살아가면서 누구나 다 이러한 인생의 한밤중을 겪게 됩니다. 교회도 그런 경험을 합니다. 우리 목회자들도 한밤중을 겪을 때가 있습니다.

제가 최근에 목회자 세미나에 참석했는데 한 목사님이 재미있는 간증을 하셨습니다. 그 목사님이 교회 강단에 서 계셨는데 장로님이 나오시더니 목사님 뺨을 때리면서 "야, 이 목사 새끼야" 하더랍니다. 그래서 목사님이 그랬답니다. "아, 장로님 감사합니다. 어떻게 저를 잘 아세요. 저희 아버지 목사입니다. 저 목사 새끼예요" 그랬답니다. 목사님 입장에서는 참 감당하기 쉽지 않은 어려운 상황인데 여유 있게 대처하신 듯합니다.

요즈음같이 어려운 시기에는 사업이 잘되던 사람도 경제적 압박을 받습니다. 어떤 사람은 건강이 좋았는데 갑자기 나빠지기도 합니다. 또 열심히 일해서 승진할 차례인데 그 기회를 다른 사람이 빼앗아가기도 합니다. 이러한 상황이 인생의 한밤중입니다. 한밤중은 여러 모양으로 찾아옵니다.

제가 미국 동부에 있을 때, 한 집사님이 MIT에서 학위를 받고 공군 연구소에 발령이 났습니다. 내일이면 나가게 되어 짐을 다 꾸렸습니다. 그런데 여섯 살 난 아들이 모터보트를 띄우고 싶다고 해서 아들을 데리고 강가에 가서 배를 띄웠는데 이 모터보트가 고장이 나서 떠내려가게 되었습니다. 아들이 "아빠, 아빠, 보트가 떠내려가요. 건져 주세요!" 하자 그는 아들의 울부짖음에 충격을 받아서 수영도 잘 못하는데 물에 뛰어들었습니다. 그러나 집사님은 육교 다리 밑의 급류에 휩싸여 사라졌습니다. 어린 아들은 강가에 앉아서 밤새도록 아빠를 찾으며 울었습니다. 아내 되시는 분이 밤이 늦도록 부자가 돌아오지 않으니까, 이상한 예감이 들어 강가로 찾아갔습니다. 아들은 울다가 지쳐서 쓰러져 있고 남편은 이미 세상을 떠났습니다. 이런 한밤중이 있을 수 있을까요? 우리는 내일을 알 수가 없습니다. 한밤중을 살아가면서 우리가 어떻게 한밤중을 이겨 나갈 수 있을까요?

저는 사도행전 16장 22-26절을 읽으면서 큰 충

격을 받았습니다. 어떻게 그런 어려움 속에 하나님을 찬양하고 경배할 수 있을까? 이 말씀에 담긴 하나님의 비밀의 말씀이 무엇일까를 참 오랜 세월 묵상해 왔습니다. 저는 저 나름대로 세 가지로 정리해 보았습니다. 여러분도 정리해 보시기 바랍니다.

첫째로, 우리 하나님은 한밤중에도 살아 계신 하나님이십니다. 하나님께서 여러분과 저에게 한밤중을 주실 때는 분명한 목적과 뜻이 있으십니다. 가장 중요한 것은 한밤중의 기도와 찬양은 하나님이 일을 하실 수 있는 원인을 제공해 드리는 것이라고 생각합니다. 제가 BBC에서 여러 번 간증을 했지만, 이 말씀을 중심으로 해서 다시 한 번 말씀을 드려볼까 합니다. 제가 어떻게 한밤중을 넘어가고 있는지를 말씀드리겠습니다.

제 아버지는 목사님이십니다. 원래는 목사가 아닌데 나이 들어 목사님이 되셨습니다. 제 어머니는 평안남도 안주 사람이십니다. 어머니는 농토가 비옥하고 부자가 사는 동네에서 무남독녀 외동딸로 태어났습니다. 부잣집 양반 댁에서 얼마나 귀하게 자랐겠습니까? "금이야 옥이야" 사랑을 받고 자라셨습니다. 그 당시에는 귀한 집 딸들은 외부 출입을 못했다고 합니다. 외간 남자를 만나면 안 된다고 해서 집안 뜰 안에서만 자랐답니다. 글도 모르고 바깥세상을 전혀 몰랐습니다.

아버지는 평양에서 사업을 하셨는데, 어머니는 아버님과 결혼하게 되어 사업가의 아내이니까 가정만 잘 돌보면 되었습니다. 그런데 아버님이 예수를 믿게 되었습니다. 그래서 목사가 되어 8.15 해방 때 남한으로 내려왔습니다. 사명을 가지고 여러 교회를 개척하셨습니다. 농어촌, 광산 지역, 이런 지역을 다니시면서 정말 힘든 개척을 하셨습니다. 궁핍한 시절에 아무것도 없는 상태에서 8남매를 키우시면서 고난이 오고 환란이 오기 시작했습니다.

목회자 자녀나 선교사 자녀에 대해 아시겠지만, 저도 자랄 때 이런 어려움은 정말 싫었습니다. 저는 가난을 무척 싫어했습니다. '젊었을 때 가난은 교훈이다, 돈을 주고 산다' 말하는데 저는 인정할 수 없었습니다. 목사가 가난한 것이 너무 싫었습니다.

너무 배고프고 힘들고 공부를 제대로 못했습니다. 못살다가 잘사는 것은 참 좋지만 잘살다가 못사니까 정말 힘들었습니다.

제가 결정적으로 하나님을 떠나게 된 것을 말씀드리겠습니다. 지금은 한 반에 20명, 25명 된다고 하는데, 저희 때는 90명, 100명이었습니다. 출석 번호가 105번까지 있었습니다. 교실에 꽉 찼습니다. 100명이 꼼짝 못하고 한 자리에서 공부를 하는데 얼마나 힘들었겠습니까? 출석부 번호를 정하려면 마당에 쭉 세워 놓고 키순으로 번호를 정하는 데 제가 언제나 3번이나 4번입니다. 키가 아주 작았습니다. 먹지를 못해 자라지를 못한 겁니다.

그 당시에는 어려운 시절이니까 공립학교인데도 종례 시간에 담임선생님이 꼭 수업료 독촉을 했습니다. 종례 시간이 되면 가슴이 두근두근 하는데 똑같은 질문과 대답이었습니다. "안요한!" "예!" "언제까지 가져오겠니?" "곧 가져올게요." "너는 맨날 곧이냐!" 그다음이 문제였습니다. "왜 목사 아들이 거짓말을 하니!" 제가 이 말은 못 참았습니다. "선생님! 아버지가 목사구요. 저는 태어난 새끼입니다. 자꾸 새끼한테 그러면 저보고 어떻게 하라는 거예요!"라고 짜증을 부렸습니다. 그러자 담임선생님이 화를 내셨습니다. "목사 새끼가 왜 짜증이야. 오늘은 내 손맛을 좀 봐야겠어. 앞으로 나와!" 손맛이 무엇입니까? "종아리 걷어!" 하시더니 마구 때렸습니다. 눈물이 줄줄 흘렀습니다. 아파서 그랬을까요? 아닙니다. 제가 무슨 잘못을 했습니까? 가난한 목사의 아들이라는 거 외에는 저는 잘못한 거 없는 것 같았습니다. 그런데 저는 부모를 원망하지 않았습니다. 멀쩡한 우리 아버지를 살살 꾀어서 목사를 만든 원인 제공자가 누구입니까? 그분이 누구입니까? 하나님이십니다. 저는 하나님이 정말 싫었습니다. 원수 같았습니다. 그래서 저는 '안요한 복음서'라는 것을 썼습니다. 주일마다 교회 앞에 한 절씩 써 붙였습니다. "하나님은 없나니라. 안요한 복음 1장 1절." 그러니까 교회가 난리가 났습니다.

그런데 저는 제쳐 놓은 자식이라 교인들이 제게 아무 말 안 하는데, 그 화살이 바로 사모한테 가

는 겁니다. 그때나 지금이나 사모라는 자리가 가시
방석이요, 어려운 자리입니다. 그래서 저는 사모님
들을 존경하고 사랑합니다. 요즈음은 모든 생활이
바쁘니까 사모한테 간섭이 덜한 것 같습니다. 제가
자라던 시절은 한가하던 시절이니까, 시간들이 많
아서 그런지 모여 앉으면 사모 흉보는 것이 일이었
습니다. 사모가 크다, 작다, 밥을 많이 먹는다, 적게
먹는다, 키가 크다, 작다, 뚱뚱하다, 홀쭉하다, 화장
품을 비싼 것 쓴다, 싸구려 쓴다고 사모의 흉을 보았
습니다. 그러면 어머니는 늘 눈물을 닦으셨습니다.

　　그것까지도 괜찮은데, 제가 하나님이 없다고
써 붙이니까 그때는 아주 심한 말을 했습니다. "저
거는 다 사모 탓이야, 무식한 사모 탓이야. 자식을
잘못 키워 그래. 우리 교회 사모는 무식해서 큰일이
야. 자식을 잘못 교육하고 저 모양으로 만들었지 뭐
야." 이 말은 어머님도 못 참으시고 통곡을 하셨습니
다. 저는 정말 피가 거꾸로 도는 것 같았습니다. 제
가 어머니를 안아 주면서, 어머니 눈물을 닦아 드렸
습니다. "어머니, 우리 시작해요." 그날 밤부터 안으

로 문을 잠그고 책상 대신 밥상을 펴놓고 마주 앉아서 제가 어머니에게 한글을 가르쳐 드렸습니다. 가나다라, 기역, 니은, 디귿……. 어머님이 열심히 배웠습니다. 개척 교회니까 전도사님도 안 계시니 심방 따라다녀야지요, 8남매 거느려야죠, 생활 돌봐야죠, 이중 삼중으로 피곤하셨습니다. 그러나 입술을 깨물면서 무식한 사모를 면해 보려고 열심히 배우셨고 저는 열심히 가르쳤습니다. 드디어 우리 어머님이 성경을 읽게 되었습니다. 찬송을 찾아서 부를 수 있게 되었습니다. 그뿐 아닙니다. 제가 기본적인 생활영어를 가르쳐 드렸는데 미국 선교사님이 방문했을 때 영어로 인사까지 하셨습니다. 그러자 주위 사람들이 깜짝 놀랐습니다. "영어도 하셔, 우리 사모님은 영어도 하셔. 무식한 사모가 아니야." 어머니는 인텔리 사모가 되셨습니다. 제가 잘했지요? 그랬습니다.

그 후 저는 대학을 들어갔습니다. 경제적 능력이 없으니까, 신문 돌리고, 뛰어다니며 신문 팔고, 고생고생 해가면서 학교를 졸업했습니다. 그때는 그랬습니다. 사법고시, 행정고시, 외무고시가 있었습니다. 저는 외대 출신이니까 친구들 중에 외교관이 많습니다. 저도 외무고시를 준비하고 있었습니다. 준비를 했는데, 시험을 며칠 앞두고 갑자기 아버님이 지방으로 내려오라고 부르셨습니다. 그때 아버님은 강원도 상동 광산촌에서 개척하고 계셨습니다. 그곳에 갔더니 아버님이 하시는 말씀이 간단합니다. "세상 공부는 그만해도 되고, 신학을 가도록 하여라." 목사가 되라는 겁니다. "목사요? 저는 못해요." 반항을 했습니다. 아버님이 "네 이름이 왜 요한인 줄 아느냐?" 하시며 이름의 사연을 말씀해 주셨습니다. "내가 너희 형과 누나를 낳을 때는 하나님을 몰랐어. 내가 하나님을 만난 후에 하나님께 기도를 했지. 아들 하나를 주시면 그 아들 이름을 요한이라고 짓고 주의 종으로 바치겠습니다 하고 약속을 했다." 제 허락도 받지 않고 마음대로 약속을 하신 겁니다. 저는 그것이 기분이 나빴습니다. '왜 허락 안 받고 마음대로 바치고 말고 하는지. 나는 나고 아버지는 아버지인데'라는 생각이 들었습니다.

사실, 저를 낳으시고 기르실 때, 8남매 중에 저에게는 어려운 가운데서도 뒷바라지를 잘 해주셨습니다. 요한이라는 이름이 요즈음은 많습니다. 목사님들 이름 중에도 있습니다. 요즈음은 개명도 많이 하는데 당시 일제 강점기 때 요한이라는 이름을 가진 사람을 한 사람도 못 봤습니다. 제가 '오리지널' 요한입니다. 제가 거기에 대한 자부심이 있는 사람입니다.

아버지는 제게 "너는 하나님의 뜻을 따라 주의 길을 가야 된다" 하시고, 저는 못한다고 했습니다. 제가 얼마나 말대답을 했는지 아버님께서 안 되겠다 싶으셨는지 어머니에게 부탁을 하셨습니다. "여보, 당신이 요한이한테 뭐라고 이야기를 해주구려." 저는 참 기분이 좋았습니다. "야! 어머니는 나를 도와주시겠지." 왜요? 어머님은 어머니이자 제 제자입니다. 어머니는 나를 도와주실 거라고 생각해서 기분이 좋았습니다. 그런데 어머님이 눈물을 쭉 닦으시더니 말씀하셨습니다. "아버님 말씀에 순종하도록 하여라." 저는 실망하고 좌절했습니다.

엄마는 아빠 편이지 절대로 자식 편은 아니었습니다. 아버지가 감동을 하셨는지 눈물을 주룩 흘리셨습니다. 본래 제 아버지는 과묵하시고 무뚝뚝하십니다. 말이 없으신 분이었습니다. 어려움을 당해서 기도하는 아버지는 봤어도 눈물을 닦는 아버지는 한 번도 본 적이 없었습니다. 그런데 아버님이 눈물을 흘리셨습니다. 저는 아버지의 눈물을 처음 봤습니다. 그때 제가 느낀 것이 바로 그것입니다. '정말 아버지가 믿는 하나님은 계시는 걸까? 정말 아버지가 믿는 하나님은 살아 계신 걸까?' 아버지가 믿는 하나님이 궁금했습니다. 그래서 제가 결단을 했습니다. "네, 다 그만두고 싹 다 때려치우고 신학교에 가겠습니다. 눈물을 닦으세요. 아버님." 그리고 제가 신학대학원을 들어갔는데 어울리지를 못했습니다. 일반 대학에 다니다가 신학교에 들어가니까 모든 게 부자연스러웠습니다. 신학생들이 사용하는 말도 달랐습니다. 은혜, 감동, 충만이란 단어도 모르겠고 신약은 이론적으로 믿을 만한데 구약은 황당무계한 이야기로 보였습니다.

사실. 생각해 보십시오. 모세가 지팡이를 던지니 뱀이 되고 뱀을 집으니 지팡이가 되었다고 합니다. 지팡이로 홍해를 치니 홍해가 갈라졌다고 하고, 바위를 치니 물이 쏴 하고 나왔다고 합니다. 도대체 이게 무슨 학문입니까? 이걸 배우기 위해 비싼 수업료 내고 다니는 게 바보처럼 느껴졌습니다. 도대체 믿을 수가 없었습니다. 내가 믿지 못하는 데 어떻게 믿으라고 말하겠습니까? 목사가 되는 게 말도 안 된다고 생각했습니다. 고민에 빠져 있는데 하루는 구약 교수가 나를 불렀습니다. 왜 그런가 하고 갔더니 아무 말도 안 하고 종이 한 장, 볼펜 한 자루를 놓고 나가셨습니다. 내가 알아서 하라는 뜻이었습니다. 그래서 이렇게 썼습니다. "교수님, 죄송합니다. 아무리 생각해 봐도 하나님은 계시지 않습니다. 안녕히 계십시오."

다시 세상으로 나와서 열심히 살았습니다. 제가 군대생활을 카투사(KATUSA)에서 하게 되었습니다. 제가 근무하던 부대의 사단장님께서 저를 참 잘 봐서 아들처럼 생각했습니다. 그분이 저를 미국 정

부에 추천을 했습니다. 그 사람들 사이에서는 추천
이 무척 중요합니다. 그래서 미 정부 기관에 취업이
되어 미국을 가게 되었습니다. 요즈음은 미국을 많
이 가시지만 그 당시는 미국 비자를 받는 것 자체가
하늘의 별 따기였습니다. 제 생각에 하나님을 안 믿
어도 잘되는 것 같았습니다. 그런데 출국을 며칠 앞
두고 아무 이상이 없었던 눈에 문제가 생겼습니다.
아침에 일어나니까, 초가을에 안개가 끼듯이 눈앞
에 안개처럼 뭔가 허여스름한 것이 앞을 싹 덮어 버
렸습니다. 앞이 잘 보이질 않았습니다. 안개 같은 것
이 걷히면 되겠지 했는데 걷히지를 않았습니다. 급
한 마음에 병원을 다녔지만 원인을 찾지 못했습니
다. 제가 별 치료를 다 받아 봤지만 이렇게 맹인이
되어 버렸습니다. 인생의 한밤중이 이렇게 찾아왔
습니다. 제가 맹인 되었습니다.

　　일본 사람은 지진보다 쓰나미를 더 무서워합니
다. 가장 무서운 한밤중은 쓰나미 같은 한밤중입니
다. 세상 사람들이 다 떠나 버리는 겁니다. 친구와
형제, 그리고 두 딸과 아내마저 떠났습니다. 완전히

쓰나미입니다. 제 주변을 완전히 쓸어가 버렸습니다. 쓰나미 같은 한밤중은 견딜 수가 없었습니다. 앞은 깜깜하고 아무도 주위에 없는데, 제가 할 수 있는 일은 죽는 것밖에 없었습니다. 물론 죽는다는 것도 그렇게 쉬운 일은 아니었습니다.

　　모든 것이 끝난 것 같았을 때, 정말 죽어갈 때 하나님이 찾아오셨습니다. 제가 없다고 써 붙였던 하나님이 살아 계셨습니다. 아버지가 믿던 하나님이 살아 계신 하나님이셨습니다. 저는 앞이 깜깜한 사람이었는데 갑자기 환한 황금빛 광채가 제 눈앞을 덮더니 잠시 동안 저를 어디론가 데려가는 것 같았습니다. 제 영혼을 인도해 가신 겁니다. 어떤 분은 하늘나라 전체를 봤다고 하는데, 하나님은 제게 하늘나라의 일부분을 보여 주셨습니다. 그리고 제게 말씀을 주셨습니다. "구약성경 320페이지가 너의 것이다. 내가 너를 떠나지 아니하며, 버리지 아니하리라(I will never leave you nor forsake you, 참고. 수 1:5). 제 가슴을 가장 때렸던 말씀은 "nor forsake you"(너를 버리지 아니하리라)입니다. 내가 사랑하는 세상 친구들은 다 떠나 버렸는데 하나님께서 제게 말씀하셨습니다. "너는 내가 없다고 써 붙였지만 나는 너를 버리지 않겠다." 그 말씀이 제 가슴을 꽉 찔렀습니다. 하나님께서 저에게 "너는 죽어야 될 사람이 아니야, 살아야 돼"라고 말씀하신 것입니다. 존재 가치! 사람이 자기를 인정해 주면 좋지 않습니까? 친구가 인정을 해도 좋고, 아내가 인정을 해도 좋은데 하나님께서 나의 존재를 인정해 주셨습니다. 존재 가치를 인정해 주시고, 내가 왜 살아야 되는지 삶의 의미를 회복시켜 주셨습니다.

이제 저는 살아야만 했습니다. 방 안에 있으면 굶어 죽으니까 나가야 했습니다. 무조건 약속의 말씀 하나만 믿고 살기 위해 밖으로 나왔습니다. 저는 맹인으로 산 경험이 없는 사람입니다. 저를 기다리는 사람도 없습니다. 날이 맑은 날은 좋은데 비가 쏟아지는 날은 질퍽거리는 땅을 손바닥으로 쳐 가면서 담벼락을 쓸어 가면서 목적도 방향도 없이 어디론가 그냥 걸어갔습니다. 저는 이 와중에 임마누엘의 하나님, 여호와 닛시의 하나님, 여호와 이레의 하나님을 만날 수 있었습니다.

하나님이 서울역 부근까지 인도하셨습니다. 거기서 누구를 만나게 하셨습니까? 구두닦이 근로청소년들과 장애인 몇 분을 알게 되었습니다. 그들이 함께 모여 사는 그룹을 만나게 되었습니다. 그들은 저를 가족으로 맞아 주었습니다. 하나님이 이렇게 예비하셨습니다. 그들을 만나게 하신 하나님이 일을 시작하신 겁니다. 약속을 지키신 하나님이셨습니다. 그들과 함께 생활을 하면서 저는 길거리에 가마니를 깔고 잤습니다. 서울역 뒤에 넝마주이 아이들이 넝마를 모아 놓은 곳이 있는데 그 넝마 위에서 잠을 자면 푸근하고 잠자리가 괜찮았습니다. 아침에 일을 나가는데 구두 닦는 아이들은 구두통을 짊어지고 서울역 앞에 가서 구두를 닦았습니다. 넝마주이 아이들은 큰 바구니를 등에 짊어지고 집게 하나 들고서 종이를 집어 바구니에 모아왔습니다. 또 작은 아이들은 볼펜을 가지고 차를 타고 다니며 장사를 했습니다. 다 나가서 자기벌이를 하는데 저는 할 게 없었습니다. 몸이 백이라면 눈은 몸의 아흔아홉이라는 말이 있습니다. 열 손가락이 다 같지만 길고 짧은 것이 있듯이 장애인들이 많이 계시지만 사실 육신적으로는 맹인이 가장 어렵습니다. 저는 맹인의 입장에서 맹인이 더 불쌍하다고 생각합니다.

미국 하버드 대학교 이금하 교목님이 누가복음 14장 13절을 말씀하신 적이 있습니다. "잔치를 베풀거든 차라리 가난한 자들과 몸 불편한 자들과 저는 자들과 맹인들을 청하라"라는 말씀입니다. 갚을 수 없는 맹인을 돕는 것은 복이 된다고 하셨습니다. 그렇습니다. 늘 이 말씀에 감동하고 삽니다. 우리는 갚을 수 없습니다. BBC는 갚을 수 없는 저희들을 오랜 세월 찾아주시고 도와주고 계십니다. 복 받으셔야 합니다. 여러분이 이 세대를 지키는 분들이라는 믿음의 자부심을 가지셔야 합니다.

정말 맹인은 도움이 필요한 사람들입니다. 구두닦이 아이들도 넝마주이 아이들도 다 삽니다. 그렇지 않으면 볼펜을 팔아서라도 밥벌이를 합니다. 그런데 저는 할 게 없었습니다. 우리 아이들은 저를 데리고 다니면서 자기들은 구두 닦을 준비를 해놓고 나를 그 옆에 앉혀 놨습니다. 화장실 갈 때도 도와주었습니다. 그렇게 옆에 앉혀 놓고 지내는데 한 아이가 제 앞에 바구니를 하나 놓아 주었습니다. "아저씨, 이거면 될 거야." 제게 일자리를 주었습니다. 바구니 하나를 놓아 주니까, 취업을 한 겁니다. 제가 일주일만 면도하지 않으면 옛날 서울역 때와 똑같아집니다. 머리는 산발하고 얼굴은 새카맣고 몸은 더럽고 냄새가 났습니다. 바구니 하나를 앞에 갖다 놓으니 불쌍해 보여서 지나가는 사람들이 동전을 넣어 주었습니다. 구두 닦는 사람들이 잔돈을 받아서 그냥 내 통에 넣어 주고 가기도 했습니다. 저는 이렇게 취업이 되었고 길거리의 음식을 사 먹으면서 생존할 수 있었습니다.

하나님이 그렇게 약속대로 길을 열어 주셔서 가만 앉아 있는데 그때가 아마 12월쯤 되었습니다. 가마니 깔고 자고 넝마 위에서 자는데 12월이 되니까 날이 좀 쌀쌀해졌습니다. 몸이 오싹오싹했습니다. 그때 병에 걸린 할머니를 모시고 사는 착한 소년이 제게 말을 걸었습니다. "아저씨, 오늘은 너무 춥다. 우리 집에 가서 자자." 정말 추운 날이었습니다. "그래, 고맙다" 하고 따라나섰습니다. 도착한 곳은 추위나 비바람만 가릴 정도로 임시로 지은 토막집 같았습니다.

　　소년이 제게 말했습니다. "집이 어떤지 궁금하죠. 만져 봐도 괜찮아요. 내가 밥을 해서 가지고 올라 올 테니까 가만히 기다리고 있어요." 저는 궁금해서 담벼락을 만지는데, 뭐가 손에 딱 걸려 더듬어 보니까 남학생 교복이었습니다. 너무 놀랐습니다. 발밑에는 책이 수북이 쌓여 있었습니다. 교과서인 듯했습니다. 속으로 '학생이구나'라고 생각했습니다. "야! 너 학교 다니고 있었구나. 어느 학교 몇 학년이냐?" 그랬더니 "아저씨, 나 학교 안 다녀. 구두닦이잖아"라고 대답했습니다. "아저씨한테 거짓말하면 안 돼. 이 교복은 뭐고 책은 뭐냐?" 그랬더니 아이가 제 품으로 뛰어들어 무릎에 머리를 처박고 서럽게 울었습니다. 그렇게 우는 것을 처음 봤습니다. "아저씨, 교복을 입고 학교 다니는 애들이 우리 마음을 어떻게 알겠어" 하면서 흐느껴 울었습니다. '어린 것이 얼마나 배우고 싶었으면 학교 다니는 애들이 부러워 입어 보지 못할 교복을 방에 걸어 놓고 아침에 입고 벗어 놓고, 읽을 줄 모르는 책을 쌓아 놓고 만져 보고, 얼마나 눈물을 흘렸을까?' 생각하니 가슴이 터질 것 같았습니다. 저는 더 이상 참을 수가 없었습니다. "그래, 이 아저씨가 가르쳐 줄게." "아저씨가 앞을 못 보는데 어떻게 가르쳐 줘." "넌 모르지? 내가 처음 너한테 이야기하는 거다. 아저씨는 원래 맹인이 아니야. 이렇게 눈을 뜨면 보는 사람 같잖아. 맹인 된 지 얼마 안 돼. 아저씨가 맹인 된 이후에, 그러니까 내가 전혀 못 보는 줄 모르고 친구가 나를 소개해서 여자 학교의 불란서 말 선생으로 가게 되었지. 아저씨는 불어를 전공한 사람이었거든. 욕심이 나서 가긴 갔지만은 못 보는 사람이 어떻게 보는 애들을 가르칠 수가 있었겠어. 학교에는 행정이 많단다. 행정을 어떻게 다 감당할 수가 있었겠어. 하루가 천 년같이 마음 아프고 힘들어서 화장실에 가면 매일 울면서 눈물 닦고 살았지 뭐야. 그래도 몇 달 지나서 이럭저럭 해봤는데 어느 날 마음이 답답하고 힘들 때는 나를 달래기 위해서 우리 애들하고 노래를 불렀어. 그때 내가 가장 많이 불렀던 노래가 보리밭인데, 보리밭을 매일 합창을 불렀더니 내 별명이 보리밭 선생님이 되었지 뭐야. 그런데 어느 날, 제일 무서운 게 질문인데, 그냥 질문하면 입으로 설명하면 되는데 책을 '다시 읽어 달라'는 질문 나오면 나는 끝나는 거 아니야? 드디어 한 여학생이 나한테 질문을 했어. 다시 한 번 읽어 달라고. 나는 몇 페이지 뭐가 있는지 모르지. 그때 깨달았지. 애들이 내가 맹인인 줄 다 아는구나. 그런 마음이 생기더라구. 그래서 내가 고백을 했어. '너희들 다 알고 있는 모양인데, 선생님은 앞을 보지 못해. 맹인 선생님이야. 오늘이 마지막 수업이 될 것 같다' 그랬더니 아이들이 책상을 치며 울면서 '선생님 가지 마세요. 우리 많이 배웠어요. 앞을 못 보면 어때요. 선생님 좋아요' 하는 거야. 그 말들이 너무 고마웠어. 너무 감격스러웠지. '그래, 고맙다' 하는데, 아이들이 '선생님, 오늘 우리 공부 못할 것 같아요. 선생님, 우리 보리밭 노래 불러요' 해서 내가 백묵을 손에 쥐고 우리

제자들 앞에서 마지막으로 불렀던 노래가 보리밭이
거든. 이 보리밭 노래를 마지막으로 학교를 떠나게
되었어. 그래서 내가 여기까지 오게 된 거야."

이튿날 서울역에 나갔습니다. 입소문이 빠르잖
아요. 이 이야기를 전해들은 우리 아이들은 다른 데
관심이 없었습니다. '아저씨가 선생님을 했다구?'
그게 중요한 겁니다. 서울역, 영등포, 노량진 구두닦
이들에게 소문이 나서 저를 찾아왔습니다. 제 주위
를 삥 둘러쌌습니다. 그중에 왕초가 있었습니다. "아
저씨! 아저씨가 선생님을 했다구요? 우리들에게는
선생님이 필요해요. 우리들을 위한 선생님이 되어
주세요." 저에게 간청을 했습니다. '너희들을 위한
선생님!' 마음속이 이상했습니다. 그때 성령님께서
저를 찾아주셨습니다. "요한아, 알았지! 이것이 너
를 향한 나의 계획이었단다. 너는 이 아이들을 위한
선생님이 될 수 있어. 내가 너를 도와줄 것이다."

'내가 너를 도와줄 것이다.' 그 잔잔한 성령님
의 음성이 얼마나 제 마음을 흔들어 놓았는지 모릅
니다. 저는 그 자리에 주저앉고 말았습니다. '길거리

에 버려진 죄인의 괴수, 아무 쓸모없는 나 같은 사람에게도 하나님이 계획을 가지고 계셨구나. 이것이 하나님의 사랑이구나. 이게 하나님의 역사하심이구나, 살아 계신 하나님의 사랑이구나.' 그때 저는 섭리라는 것을 깨달았습니다.

저는 설교 때마다 섭리라는 이야기를 수없이 많이 합니다. 우리는 섭리 가운데 살고 있기 때문에 어쩔 수 없습니다. 섭리! '프로비던스'(providence)! 수십 번 들으시겠지만 꼭 외우셔야 합니다. 하나님께서 저와 여러분들의 모든 일생에 되어 가는 일들을 마음에 두시고 날마다 순간순간마다 필요하실 때마다 하나님의 방법으로 이루어 가심을 섭리라고 합니다. 그 방법은 하나님의 예정과 예지와 인도하심이 있습니다. 이 방법으로 우리의 일생을 인도해 가고 계십니다. 그래서 저는 그 하나님의 깊은 사랑, 나 같은 죄인 하나까지도 기억하시는 그 사랑, 인도하시는 그 사랑하심에 완전히 마음이 녹아졌습니다. 내 인생의 'Why me?' 이 문제가 해결되었습니다. 내가 왜 맹인이 되었고 왜 서울역에 왔고 왜 구두닭이 아이들을 만나게 해주셨는지, 이 모든 과정이 왜 그랬는지를 깨닫게 되었습니다.

여러분! 이것을 깨닫는다는 것이 매우 중요합니다. 깨와 설탕을 섞으면 맛이 어떻게 됩니까? 맛이 달라집니다. 깨달아지는 과정이 그렇게 중요합니다. 나와 세상을 보는 눈이 달라집니다. 그래서 저는 토마스 아 켐피스의 가르침을 참 좋아합니다. "당신이 아직도 외롭습니까? 불편합니까? 어렵습니까? 당신을 향한 하나님의 섭리가 깨달아지는 순간에는 화가 복으로 괴로움이 즐거움으로 부정이 긍정적으로 바뀔 것입니다." 저는 이 말씀을 굉장히 좋아합니다. 깨달아지는 순간에는 모든 것이 다 바뀌어 버립니다. 디모데전서 4장 4절 말씀에 보면, 감사함으로 받으면 버릴 게 없다고 하셨습니다. 지금까지의 고통과 좌절과 절망과 힘든 것이 나에 대한 하나님의 계획임을 깨달을 때 180도 바뀝니다. 바울의 고백이 바로 그것입니다. 그는 부활의 주님을 만났고 죽은 자를 살리신 하나님을 만났기 때문에 힘에 겨운 고통을 겪을지라도 하나님을 의지하는 믿음의 고백을 했습니다. "우리를 건지시고 건지실 것이고 건지시기를 바라노라." 그는 복음의 전진을 이룰 수 있었습니다. 깨달아지는 순간에 그렇게 바뀝니다.

여러분, 이해할 수 있겠습니까? 사람들은 제가 이렇게 고백을 하면 '정말 그럴 수 있을까' 하는데 그럴 수가 있습니다. "하나님! 저 맹인 만들어 주셔서 감사합니다. 하나님! 저 버림받게 해주셔서 감사합니다. 하나님! 저 서울역에 보내 주신 것 감사합니다. 하나님! 저 구두닦이 아이들 만나게 해주신 것 감사합니다." 저는 이렇게 고백할 수 있습니다.

우리는 사랑할 수 있습니다. 용서할 수 있습니다. 품에 안을 수 있습니다. 바울의 고백은 그렇기 때문에 위대합니다. 바울은 부활의 주님을 만났습니다, 정말 바울은 그런 용기가 있었습니다. 부활의 주님을 만났기 때문에 죽은 자를 살리시는 주님을 만났기 때문에 그럴 수가 있는 겁니다. 그래서 제가 하나님과 약속을 했습니다. "하나님! 하나님은 약속을 지키시는 하나님입니다. 그런데 하나님, 저도 약속을 드리고 싶어요. 내 생명 불러 가시는 마지막 순간까지 지구촌 땅 끝까지 서서 내가 만난 하나님만 증거하며 살아가겠습니다." 저는 이렇게 하나님과 약속을 했습니다. 사람과 약속한 것이 아닙니다. 친구하고 약속한 것이 아닙니다. 하나님한테 약속을 했습니다. 그 약속을 지키고 살아가기 위해 110여 개국을 다녔고 1만 2천여 교회에서 집회를 할 수가 있었습니다.

저는 숨을 거둘 때까지 부활의 주님을, 하나님을 증거하지 않으면 안 됩니다. 저는 지금까지 기쁨과 행복으로 살아가고 있습니다. 저는 그때 서울역에서 제 기도의 제목을 확실히 세우게 되었습니다. 아이들은 구두를 닦고 넝마를 주우러 다니지만 저는 바구니 놓고 앉아 있으면 되니까 기도의 제목이 확실해졌으니까 기도하는 겁니다. "하나님, 이 지구상에는 저처럼 밤이 되도 잘 곳이 없고 때가 되면 먹을 것이 없는 맹인들이 많이 있을 텐데 그분들에게 잠자리를 주고 먹을 것을 주고, 배움의 기회를 놓친 꿈 많은 청소년들에게 배움의 기회를 주고 내가 만난 하나님을 전하는 그런 목사가 되겠습니다.

전능하신 하나님! 할 수 있잖아요! 저를 그런 목사로 만들어 주세요!" 제 기도 제목은 딱 그거였습니다. 밤이 되도록 저는 기도의 제목을 놓고 부르짖었습니다. "내게 부르짖으라. 내가 네게 응답하겠고 네가 알지 못하는 크고 은밀한 일을 네게 보이리라"(렘 33:3) 약속하신 하나님께 기도했습니다. 하나님께 부르짖는다는 것은 스위치를 올리는 것(switch on)입니다. 스위치를 올려야 전깃불이 켜집니다. 부르짖음은 전깃불을 올리고 하나님 앞에서 자꾸 두드리는 것입니다. 여러분 어려움을 당하면 몇 번에 전화를 하십니까? 119를 찾습니다! 하나님은 누구나 다 119 찾으라고 누가복음 11장 9절을 주셨습니다. "내가 또 너희에게 이르노니 구하라 그러면 너희에게 주실 것이요 찾으라 그러면 찾아낼 것이요 문을 두드리라 그러면 너희에게 열릴 것이니." 저는 계속 날마다 구하고, 찾고 두드렸습니다. 하나님께 부르짖고 부르짖었습니다. 하나님은 약속대로 내가 응답하겠고 크고 은밀한 것을 보여 주셨습니다. 약속을 지키신 하나님이십니다.

하나님은 두 가지 방법으로 우주를 관리하시는데 바로 자연적인 법칙과 하나님의 기적의 법칙입니다. 사과가 땅에 떨어지는 것은 만유인력이라는 자연법칙입니다. 그런데 하나님께서 기적의 법칙으로 뉴욕에 계신 분과 연결시켜 주셨습니다. 목회하시다 은퇴한 탐(Tom) 목사님이 저한테 편지를 보내왔습니다. 생각해 보세요. 어떻게 서울역 앞에서 구걸하는 맹인 앞으로 뉴욕에 사는 목사의 편지가 올 수가 있습니까? 제 주소와 연락처를 어떻게 알고 제가 어떤 사람인지 어떻게 알았겠습니까? 탐 목사님이 나한테 약속을 했어요. "너는 내 믿음의 아들이다. 내가 너를 끝까지 도울 것이다. 약속을 지켜서 그런 목사가 되도록 하여라." 그 약속을 하고 저를 도와주셨습니다. 그래서 제가 신학교에 입학을 하게 되었습니다. 신학생이 되어 침대에서 잠을 자고 따뜻한 밥을 먹었습니다. 샤워를 하고 사람 꼴이 되었습니다. 그런데 앞을 못 보는 사람이 어떻게 공부를 합니까? 글도 못 읽고 책도 못 보고 자유롭게 움직이지도 못합니다. 순간순간마다 하나님 없이는 얼마나 작은 존재인지 깨닫게 되고 기도할 수밖에 없었습니다. 정말 인간적인 방법으로는 공부를 할 수 없습니다. 어떻게 합니까? 순간순간 하나님이 지혜를 주셨고 말씀을 주셨고 인도해 주셨습니다. 제가 감사한 것은 영문 타자를 1분에 400자 쳤습니다. 잘 쳤지요? 하나님의 역사입니다. 그때는 타자를 잘 쳤기 때문에 우리 아이들이 공병우 한글타자기를 사주었습니다. 자판만 다르지 타자기의 열은 같으니까, 며칠 밤을 새며 자판을 공부해서 한글타자기로 시험지 답안을 써내고 공부했습니다. 이렇게 하나님의 방법으로 제가 신학을 공부하고 졸업하게 되었습니다. 우리 식구들(서울역 아이들)이 저 때문에 많이 고생도 하고 도와주었습니다. 구두 닦고 넝마 주워서 학비를 보태주고 생활비를 보태주기도 하고 타자기도 사 주고 길 안내도 해주고 제가 졸업할 때 축하도 해주었습니다. 우리 식구들이 축하해 주는 영상이 있습니다. 착한 아이들입니다. 그래서 저는 졸업하자마자 맹인 교회를 한 것이 아니라, 약속을 지켜야 되니까 이들을 위한 야간학교를 열었습니다. 낮에는 구두를 닦고 저녁에 모여서 검정고시를 공부했습니다. 연필을 쥐는 법도 모르고 공부하는 법도 모르니까 속상해서 자기 머리를 땅에 쥐어박는 아이들도 있었습니다. 열심히 배우고 열심히 가르쳐서 827명이 고등학교를 졸업했습니다. 대학은 진학시키지 못해도 고등학교까지는 졸업을 시켰어요. 그때는 군대를 가려고 해도 중학교를 졸업하지 못하면 못 갔는데 아이들이 공부하고 나서 군대를 갈 수 있었습니다. 교수님도 되시고 박사님도 되시고 유명한 셰프도 나오고 미용사도 나왔습니다. 목사님도 되시고 장로님도 되시고 하나님이 약속대로 그들을 길러 주셨습니다. 하나님이 그렇게 역사하셨습니다. 하나님이 도와주셨습니다. 하나님의 은혜가 감사합니다.

우리는 지금 우리가 해결하기 어려운 여러 가지 상황에 직면해 있습니다. 이 땅에 생명을 빼앗아 가고 있는 악성 코로나바이러스, 악한 영적 바이러스, 세계 갈등과 분열, 이것은 우리가 해결하기 힘든 문제입니다. 오직 하나님만이 해결할 수 있는 문제입니다. 저는 방송에서 이 코로나와 평생 같이 가야될 거라고 말하는 감염학자들의 이야기도 들었습니다. 변종 코로나가 나타나고 있습니다. 우리는 해결하기 힘든 문제들에 직면하며 살고 있습니다. 그 해답은 오직 하나님만이 가지고 계십니다. 교회가 하는 것도 아닙니다. 그러나 교회 안에서 하나님을 의지하는 백성들을 통해서 해답은 주어질 수 있습니다. 그래서 우리는 하나님 앞에 기도하는 것입니다. 여러분과 저는 하나님을 경험한 사람들입니다. 우리는 그 하나님을 신뢰하고 그 하나님 앞에 기도하는 것 외에는 방법이 없습니다.

하나님이 방법을 주셨습니다. 오늘 주신 말씀대로, 한밤중에 드린 기도와 찬양은 하나님이 일을 할 수 있는 원인을 제공할 수 있었습니다. 하나님을 신뢰하는 여러분과 저의 기도가 하나님이 일을 하실 수 있는 원인을 제공해 드려서 하나님의 방법으로 문제를 해결해 주실 줄로 믿습니다. 우리 모두 힘들고 어려운 시기를 지나면서 육신적으로, 정신적으로, 심적으로 어렵지만 사도 바울의 믿음의 고백이 저와 여러분의 고백이 되기를 축원합니다.

"하나님이 우리를 건지시고 건지실 것이고 건지시기를 바라노라." 이 믿음의 고백이 저와 여러분의 고백이 되어서 의연하게 믿음의 삶을 살아가시기를 주님의 이름으로 간절히 축원합니다.

하나님 아버지. 환난과 고난의 대명사 바울은 순종과 사명을 위해서 고난을 감당하였습니다. 살 소망까지 끊어지고 사형선고까지 받았지만, 그는 고백합니다. 부활의 주님을 직접 봤기 때문에 죽은 자를 살리신 하나님을 만났기 때문에 어떤 상황 속에서도 우리를 건지시고 건지실 것이고 건지시기를 바라노라고 했습니다. 이 믿음으로 승리의 복음을 감당했던 것처럼 이 시대를 지나가는 모두 가운데 이 믿음이 우리의 고백이 되게 하시옵소서. 건지시고 건지실 것이고 건지시기를 바라는 믿음으로 의연한 삶을 살아갈 수 있는 사랑하는 BBC 가족들이 되도록 축복하여 주옵소서. 예수님의 이름으로 기도합니다. 아멘.

행동하는 목자이자 참 제자

영육간 어두운 이 시대에 존경하는, 영안이 밝고 맑은 안요한 목사님의 신간 《또 하나의 빛》을 출간하게 되심을 환영하고, 축하합니다.

안요한 목사님을 처음 뵙게 된 것은 1980년대 초로 내가 월간 〈신앙계〉 기자로 있을 때입니다. 당시 막 맹인 선교회를 세웠기 때문입니다. 안 목사님은 〈신앙계〉에 자신을 다룬 기사 제목인 '건강할 때의 손해와 앞 못볼 때의 유익'이 마음에 들었는지, 항상 고마워하며, 지금까지 신앙과 삶의 캐치프레이즈처럼 사용하고 계십니다. 사실 안 목사님의 생애가 그러했습니다. 그 후 이청준 작가에 의한 안요한 목사님의 이야기를 다룬 실화소설《낮은데로 임하소서》가 나와 당시 큰 반향을 일으켰고, 스테디셀러로 많은 사람들에게 읽히고 있습니다.

안요한 목사님의 그동안 삶과 사역은 특별하고, 한국 교회사나 장애인사에 기념비적입니다. 평범한 신체 조건과 생활 여건이 아닌 삶을 살면서도 영성과 지성과 인성의 비범함을 보여 준 목사님의 생애는 장애인과 비장애인 모든 이에게 감동과 도전을 주기에 충분하였습니다. 특히 삶의 고난으로 좌절하는 수많은 이들에게 도전과 용기를 북돋아 주고, 인간 승리의 표본이 되는 분입니다.

비장애인들도 좀처럼 잘 해내지 못하는 자기와의 싸움에서 먼저 이기고, 더 나아가 남을 위해 희생하고 헌신하는 숭고한 삶을 사는 모습은 예수 정신을 그대로 보여 주는 실천하고 행동하는 목자이며, 참 제자입니다.

실명 후 아직 자신의 삶조차 방향을 제대로 잡지 못한 그 시절에 야학을 통해 구두닦이를 비롯해 교육을 받지 못한 아이들 800여 명을 가르치고, 검정고시에 합격하도록 도와주고 새 삶을 찾게 한 것입니다, 알음알음으로 찾아온 시각장애인들을 돌보고 도우면서 사역을 하게 된 것이 새빛맹인선교회의 시작이었습니다. 지금까지 안 목사님은 1백여 개국을 다니며 1만여 집회를 인도했으며 1년 중 절반은 해외에서 집회를 인도합니다. 서울 방배동의 새빛맹인선교회와 맹인양로원인 새빛요한의집에는 60여 명의 시각장애인을 보호하고 있습니다. 또한 회교 국가 인도네시아와 불교 국가 네팔, 미얀마, 스리랑카, 태국, 인도, 중국 등 동남아 7개국에 맹인센터를 설립하고 선교사를 파송하였습니다. 또 음악으로 복음을 전하는 새빛낮은예술단을 창단해 감동과 은혜를 끼치고 있습니다.

안 목사님 처음 뵐 당시에는 정말 주변에 사람들이 다 떠난 상태여서 참 막막해 보였는데, 그러나 지금까지 주님은 그를 내버려두거나 곁을 떠나지 않으시고, 힘주시고, 인도하시고, 생명이 넘치도록 역사하셨습니다. 그것은 안 목사님 자신이 오직 주님 영광을 위한, 주님에 의한, 주님 축복의 통로가 되기 위한 4차원적 푯대가 있었기 때문일 것입니다. 바라건대 여기서 그치지 않고, 더욱 크게 쓰임 받는 이 시대 희망의 등불이요, 사랑

의 배달부요, 복음의 전령사로서 열과 성을 다하게 되시
기를 기대하면서, 이 칼럼집을 적극 추천합니다.

　　　　　　　　　김경문 목사(순복음중동교회)

나에게 주어진 영화 기획의 은혜

감사하게도 내가 기독교인이 될 수 있도록 기회를 열어 주신 분 중에 한 분이 안요한 목사님이라고 나는 기억하고 있다. 목사님이 실명하고 대신 얻은 영적인 눈으로 새로운 생애를 만나는 그 감동의 이야기가 나의 어두운 영혼의 눈을 뜨게 했으며 그 거룩하신 하나님이 그 후로 나를 만지기 시작했다. 그리고 나의 하나님이 되어 주셨다.

안요한 목사님을 처음 뵙던 때가 1981년 여름이었으니까 40년 전이다. 오랜 세월이 지났건만 지금도 한결같이 다정한 안요한 목사님은 나를 가까이 불러 새빛맹인교회 행사에서 색소폰을 연주하게 하신다. 참 감사한 일은 초청을 받은 그 당시보다 시간이 지나면서 초청이 봉사가 되고 보람이 되고 기쁨이 되어 감사하는 마음을 갖게 된다는 것이다. 내 입장에서 보면 초청이 부담스럽지 않을까 망설여질 때가 있는데 천하보다 귀한 영혼을 구원하는 전도의 목표가 영원으로 초청하는 것이기에 무엇보다 초청은 아름답고 중요하다고 생각된다. 기독교인의 친절은 초청을 주고받으면서 성장하고 빛을 발휘하는 데 있다고 믿는다.

아직은 건강하시고 안색이 젊게 보이시는 안요한 목사님 사역은 한 사람의 사역으로는 믿기지 않을 정도로 어마어마하다. 전국은 물론 하나님이 부르시는 곳은 지구상 어디고 시각장애의 한계를 훌쩍 뛰어넘어 마다하지 않으신다. 그래서 내가 연출한 여러 편의 영화 중에서 아마도 가장 많은 관객을 만난 영화는 〈낮은 데로 임하소서〉가 아닐까 생각된다. 작품성, 흥행성과 상관없이 개봉 당시의 관객은 문제가 되지 않을 정도로 그 후 오랜 세월 동안 목사님을 따라 전국을 비롯해 해외까지 많은 사람들에게 영화를 공개하셨기 때문에 아마 이 영화를 본 사람의 숫자는 어마어마하리라 짐작된다. 나의 기독교 신앙의 시작이 〈낮은 데로 임하소서〉로 비롯되지만 당시에 나는 성경을 한 번도 제대로 읽어 본 적이 없어 기독교 메시지의 영화를 만든다는 것은 정말 얼토당토 않은 기적 같은 일이었다. 생각지도 않았던 기독교 영화를 추천한 것도 내 스스로 계획한 것이 아니라 영화 〈별들의 고향〉의 제작자 박종찬 회장이 소설책 한 권을 주면서 이걸 영화로 만들어 보자고 권하였다. 이청준 선생이 쓴 실명인의 전기소설 《낮은 데로 임하소서》. 그런데 박종찬 회장님도 기독교인은 아니었던 것 같았고 아마도 사모님이 권했을까? 분명치 않지만 기독교에 대해 캄캄했던 내가 마치 남녀 사랑의 멜로드라마를 만들 듯 그 거룩한 이야기를 영화로 만들겠다는 배짱이 지금 되돌아보면 참 기가 찰 노릇이다. 아무래도 미스터리다.

그 기적의 소설 《낮은 데로 임하소서》의 출판사 홍성사의 이재철 사장은 영화배우 고은아 씨의 친동생이라고 자신을 소개했다. 지금은 아주 존경받는 큰 목회자가 되신 지 오래되었지만 들리는 말로는 당시 꽤 성공적인 사업가로 소문이 돌아 있었고 또 고은아 씨는 나와 같은 홍익대학교 미술대학 동기동창이어서 친근하고 색다른 반가움의 인연으로 이루어졌다.

어쨌든 우연히 나에게 주어진 그 영화 기획은 성경도 모르고 찬송도 모르는 나에게 하나님의 거룩한 뜻이 한 시각장애인을 변화시켜 큰 사역을 감당시키는 거룩한 이야기로 만들어지면서 천주교 신자인 김도향의 영화음악, 윤복희 권사의 주제가, 내 동생 이영호의 안요한 목사님 역할 등등 초청받은 이들의 헌신으로 세속적인 성공을 거두었다. 그리고 그 작품을 계기로 나에겐 축복의 문이 활짝 열리며 영광스러운 기독교 신앙으로 들어섰다. "어서 돌아오오. 어서 돌아만 오오. 우리 주는 날마다 기다리신다오. 밤마다 문 열어 놓고 마음 졸이시며 나간 자식 돌아오기만 밤새 기다리신다오." 박재준 목사님이 작곡하신 한국 찬송가는 목사님과 나의 주제가였다. 처음 미아리에 있었던 안 목사님의 새빛맹인교회에서 시각장애인들과 함께 예배를 드릴 때 이 찬송을 초등학교 3, 4학년쯤으로 보이는 시각장애인 소녀 두 명이 점자 찬송가를 가슴에 안고 고사리 손으로 점자를 더듬으며 특송을 하는데 나는 흘러내리는 눈물을 건

잡을 수 없었다. 그 소녀들을 직접 출연시켜 그때의 감동을 영화에 담았던 기억이 새롭다. 나와 안요한 목사님에게 이루어진 이 모든 기적은 바로 하나님의 크신 은혜요 성자 예수님의 놀라운 사랑이 아니면 무엇이라 하겠는가!

이장호(영화감독)

또 하나의 빛

The Light of The Soul

지은이 안요한
펴낸곳 주식회사 홍성사
펴낸이 정애주
국효숙 김의연 김준표 박혜란 오민택
오형탁 임영주 주예경 차길환 허은

2021. 4. 26. 초판 발행   2021. 5. 24. 3쇄 발행

등록번호 제1-499호 1977. 8. 1.
주소 (04084) 서울시 마포구 양화진4길 3   전화 02) 333-5161   팩스 02) 333-5165
홈페이지 hongsungsa.com   이메일 hsbooks@hongsungsa.com
페이스북 facebook.com/hongsungsa   양화진책방 02) 333-5161

ISBN 978-89-365-1478-5 (03230)